Texto de
YUVAL NOAH HARARI

IMPLACÁVEIS

COMO NÓS CONQUISTAMOS O MUNDO

VOLUME 1

Ilustrações
RICARD ZAPLANA RUIZ

Tradução
LAURA TEIXEIRA MOTTA

Companhia das Letrinhas

LINHA DO TEMPO DA HISTÓRIA

6 milhões
Última avó em comum entre humanos e chimpanzés.

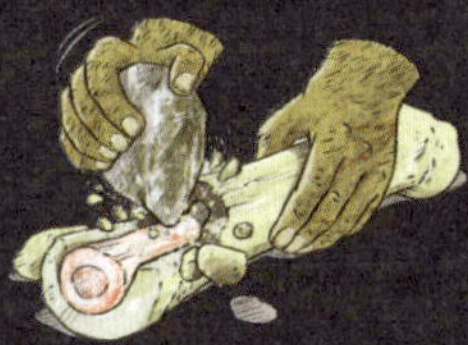

2,5 milhões
Humanos evoluem na África. Uso de ferramentas de pedra.

2 milhões
Evolução de diferentes tipos de humanos.

1,5 milhão
Primeiro uso do fogo.

400 mil
Neandertais evoluem na Europa e no Oriente Médio.

300 mil
Sapiens evoluem na África.

70 mil
Começamos a contar histórias. Um grande número de sapiens deixa a África.

50 mil
Sapiens povoam a Austrália. Extinção dos grandes animais australianos.

40 mil
Desenvolvimento da arte.

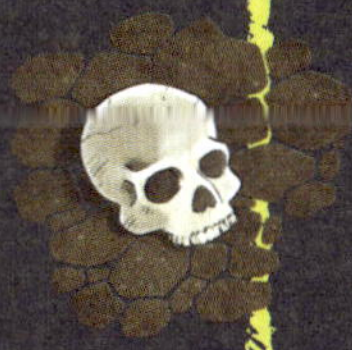

35 mil
Extinção dos neandertais. Sapiens são o último tipo de humano sobrevivente.

15 mil
Sapiens povoam as Américas. Extinção dos grandes animais americanos.

Grafia atualizada segundo o Acordo Ortográfico da Língua Portuguesa de 1990, que entrou em vigor no Brasil em 2009.

Autor: Yuval Noah Harari
Ilustrador: Ricard Zaplana Ruiz
C.H. Beck & dtv: Editores: Susanne Stark e Sebastian Ullrich

Sapienship Storytelling
Produção e gerenciamento: Itzik Yahav
Gerenciamento e edição: Naama Avital
Marketing e assessoria: Naama Wartenburg
Edição e gerenciamento de projetos: Nina Zivy
Assistente de pesquisa: Jason Parry
Copidesque: Adriana Hunter
Consulta de diversidade: Slava Greenberg
Design: Hanna Shapiro
www.sapienship.co

Título original: *Unstoppable Us: How We Took Over the World*
Ilustração de capa: Ricard Zaplana Ruiz
Preparação: Marina Munhoz
Revisão: Bonie Santos e Luciana Baraldi
Composição: Yumi Saneshigue

Dados Internacionais de Catalogação na Publicação (CIP)
(Câmara Brasileira do Livro, SP, Brasil)

Harari, Yuval Noah
Implacáveis : como nós conquistamos o mundo / Yuval Noah Harari ; ilustrações Ricard Zaplana Ruiz ; tradução Laura Teixeira Motta. — 1ª ed. — São Paulo : Companhia das Letrinhas, 2022, v. 1.

Título original: *Unstoppable Us: How We Took Over the World.*
ISBN 978-65-81776-20-6

1. Ecologia humana — Literatura infantojuvenil 2. Evolução humana — Literatura infantojuvenil 3. Homem — Origem — Literatura infantojuvenil I. Ruiz, Ricard Zaplana. II. Título.

22-116101 CDD-028.5

Índices para catálogo sistemático:

1. Homem : Origem e evolução : Literatura infantil 028.5
2. Homem : Origem e evolução : Literatura infantojuvenil 028.5

Cibele Maria Dias — Bibliotecária — CRB-8/9427

3ª reimpressão

EDITORA SCHWARCZ S.A.
Rua Bandeira Paulista, 702, cj. 32
04532-002 — São Paulo — SP — Brasil
(11) 3707-3500
www.companhiadasletrinhas.com.br
www.blogdacompanhia.com.br
/companhiadasletrinhas
@companhiadasletrinhas
/CanalLetrinhaZ

Para todos os seres: aqueles que já se foram,
aqueles que estão vivos e aqueles que ainda virão.
Nossos ancestrais fizeram do mundo o que ele é.
Cabe a nós decidir o que ele se tornará.

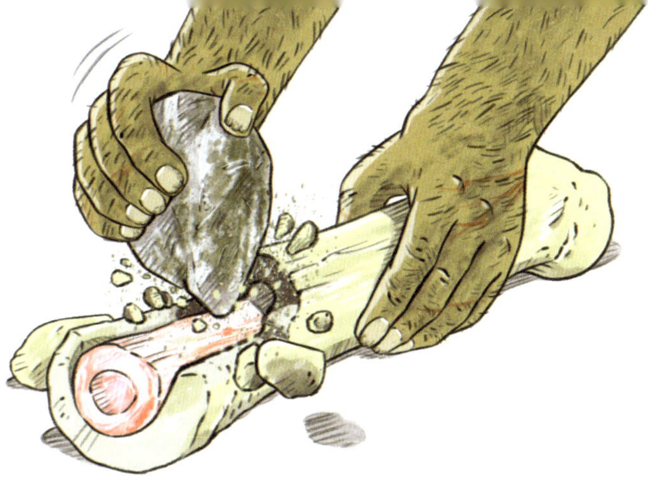

SUMÁRIO

QUAL É A DOS HUMANOS?

Crescer é um trabalho duro. Não só para você e seus amigos, mas para todo mundo. Até para os animais.

Enquanto crescem, os filhotes de leão precisam aprender a correr e a caçar zebras. Um golfinho jovem tem que aprender a nadar e a apanhar peixes. Um filhote de águia deve aprender a voar e a construir um ninho. E nada disso é fácil.

Mas crescer é ainda mais difícil para os humanos, porque não sabemos muito bem o que precisamos aprender. Leões correm e caçam zebras, golfinhos nadam e pegam peixes, águias voam e constroem ninhos – e os humanos fazem o quê?

Quando você crescer, talvez dirija um carro mais veloz do que um leão. Ou guie um barco por distâncias que um golfinho não alcança. Ou pilote um avião a uma altura que nenhuma águia pode atingir. Talvez faça um milhão de outras coisas que os animais nem sequer podem imaginar. Como inventar um jogo de computador, descobrir um novo tipo de remédio, liderar uma expedição a Marte ou ficar sentado em casa vendo TV o dia inteiro. Os humanos têm muitas opções! É por isso que não é simples ser um humano.

Mas, independente do que você decida fazer um dia, é importante saber o motivo pelo qual os humanos têm tantas opções. É porque nós dominamos o planeta Terra.

O planeta Terra já foi dominado por muitos animais diferentes. Leões, ursos e elefantes dominavam em terra firme. Golfinhos, baleias e tubarões dominavam o mar. Águias, corujas e abutres dominavam os ares. Mas agora nós, humanos, dominamos tudo: terra, mar e ar. Podemos ir aonde quisermos em nossos carros, navios e aviões, e os leões, os golfinhos e as águias têm que sair da frente — e rápido! Animais não podem nos impedir de construir rodovias que atravessam suas florestas. Nem de construir represas em seus rios. Nem de poluir os oceanos e o ar.

A verdade é que os humanos são tão poderosos que o destino de todos os outros animais depende de nós. A única razão de ainda existirem leões, golfinhos e águias é que nós permitimos. Se os humanos quisessem acabar com todos os leões, os golfinhos e as águias do mundo, conseguiríamos fazer isso em menos de um ano.

Esse é um poder muito grande, com o potencial de ser usado para o bem ou para o mal. Você, como ser humano, precisa entender o poder que tem e o que fazer com ele.

Para isso, tem que saber como conseguimos nos tornar tão poderosos.

Nós, humanos, não somos tão fortes quanto os leões, não nadamos tão bem quanto os golfinhos e sem dúvida não temos asas! Então, como passamos a dominar o planeta?

A resposta é uma das histórias mais estranhas que você vai ouvir na vida.

E é uma história verdadeira.

1

HUMANOS SÃO ANIMAIS

JÁ FOMOS SELVAGENS

Nossa história começa milhões de anos atrás. Naquela época, os humanos eram apenas animais comuns. Não moravam em casas, não iam para o trabalho nem para a escola e não tinham carros, computadores ou supermercados. Viviam na natureza, subiam em árvores para apanhar frutas, farejavam o solo à procura de cogumelos e comiam minhocas, rãs e caracóis.

Os outros animais — girafas, zebras e babuínos, por exemplo — não tinham medo de humanos nem prestavam muita atenção neles. Ninguém imaginava que um dia os humanos chegariam à Lua, criariam bombas atômicas e escreveriam livros como este.

De início, os humanos não sabiam nem fazer ferramentas. Às vezes usavam pedras para quebrar nozes. Mas não tinham arcos e flechas, lanças, facas. **Os humanos eram fracos se comparados a muitos outros animais**, e quando aparecia um leão ou um urso, precisavam fugir — e rápido!

Hoje, muitas crianças ainda acordam no meio da noite com medo de que tenha algum monstro embaixo da cama. Essa é uma memória de milhões de anos atrás. Naquela época existiam mesmo monstros que se aproximavam de mansinho para pegar crianças durante a noite. Se, no escuro, um menino ouvisse qualquer barulho, podia ser um leão vindo para devorá-lo. Se subisse bem depressa numa árvore, sobreviveria. Mas, se voltasse a dormir, viraria comida de leão.

Às vezes, quando leões matavam e comiam uma girafa, os humanos ficavam olhando de uma distância segura. Queriam um pouco daquela carne, mas tinham medo de chegar perto. Mesmo depois que os leões iam embora, as pessoas ainda não podiam se aproximar.

Porque em seguida vinham as hienas comer as sobras — e os humanos tinham medo de arrumar briga com aquele bando de feras. Por fim, depois que todos os outros animais iam embora, as pessoas iam devagarinho até a carcaça em busca de restos... mas só encontravam ossos. Então davam de ombros, conformadas, e iam procurar figos.

Um dia, **uma humana teve uma grande ideia**. Ela pegou uma pedra e a usou para quebrar um osso. Lá dentro, encontrou tutano — aquele recheio suculento que fica no meio dos ossos. Ela comeu o tutano e achou uma delícia. Outros viram e copiaram. Em pouco tempo, todo mundo começou a usar pedras para rachar ossos e comer o tutano. Finalmente existia alguma coisa que só os humanos sabiam fazer!

Cada animal possui talentos especiais: aranhas tecem teias e pegam moscas, abelhas fabricam colmeias e mel, pica-paus arrancam insetos dos troncos de árvore. **Alguns bichos têm talentos estranhos**. Um exemplo são os pequeninos peixes limpadores, que seguem os tubarões e esperam até que eles acabem de comer. O tubarão faz um lanchinho de atum, depois abre o bocão e todos os peixes limpadores entram lá para limpar os pedaços de atum presos nos dentes dele. O tubarão ganha um tratamento dentário, e os peixes limpadores ganham uma bela refeição. De algum modo, os tubarões reconhecem esses peixes e nunca os comem por engano.

E os humanos antigos passaram também a fazer algo especial: usar pedras para quebrar ossos e comer o tutano. E ainda mais importante: eles aprenderam que criar ferramentas é uma boa ideia.

Começaram então a usar paus e pedras para fazer vários tipos de ferramenta. Não só para quebrar ossos, mas também para arrancar ostras das pedras, colher cebolas e cenouras silvestres e caçar pequenos animais, como lagartos e pássaros.

Por fim, descobriram uma ferramenta mais sensacional do que paus e pedras: eles **descobriram como usar o fogo!** O fogo é feroz

o assustador. Depois que um leão come uma zebra, a fome dele passa e ele se deita e dorme. Mas o fogo, depois de comer uma árvore, fica ainda mais faminto e vai devorando uma a uma. Pode acabar com uma floresta inteira num só dia – e transformar tudo em cinzas. Quem tentar tocar no fogo para impedir que ele se alastre vai se queimar também. Por isso, **todos os animais têm medo do fogo**. Até mais do que dos leões. Até os leões temem o fogo.

Mas alguns humanos antigos começaram a se interessar pelo fogo. Ah, se pudessem usá-lo da mesma forma que usavam paus e pedras!

Você gosta de ficar olhando o fogo, vendo as chamas dançarem? Essa é outra memória que vem dos humanos antigos. No começo, os humanos tratavam o fogo com o maior cuidado, só observando de longe. Talvez tenham descoberto que, quando um raio incendiava uma árvore, eles podiam sentar em volta dela para aproveitar a luz e o calor. E a melhor parte: enquanto a árvore queimava, nenhum animal perigoso tinha coragem de se aproximar.

COZINHEIROS TÊM CÉREBRO GRANDE

De tanto observar o fogo, os humanos passaram a entendê-lo melhor. Viram que ele era selvagem e feroz, mas obedecia a algumas regras. Dava para fazer amizade com ele. Empurraram um galho comprido para perto de uma árvore em chamas e, quando a ponta pegou fogo, eles o puxaram de volta. Agora tinham **um pedaço de pau com fogo**. O fogo não os queimava, mas eles podiam queimar tudo aquilo em que tocassem. Aquilo era muito útil! Podiam levar o fogo a todo lugar para se manterem aquecidos e espantar leões.

Mas as pessoas ainda tinham um grande problema: não sabiam acender o fogo. **Esperar um raio cair pode ser desanimador.** Imagine você, molhado e com frio, sentado durante um ano inteiro perto de uma árvore — e nada de um raio cair nela. E se um leão aparecer, não vai dar para esperar nem dois segundos. Você precisa de fogo IMEDIATAMENTE!

Com o tempo, os humanos descobriram como resolver esse problema. Um modo era bater uma rocha chamada sílex em outro tipo de pedra conhecido como pirita. Quando batemos na pirita com bastante força, ela solta uma faísca, e se conseguirmos fazer a faísca atingir um monte de folhas secas, às vezes elas pegam fogo.

Outro jeito era encontrar um bom pedaço de madeira seca, fazer um buraco nele e encher o buraco com folhas secas. Em seguida, era preciso afiar a ponta de um graveto, pôr essa ponta dentro do buraco e girar o graveto entre as mãos muito rápido por alguns minutos.

A ponta do graveto ia ficando cada vez mais quente, até finalmente incendiar as folhas secas.

Começava a sair fumaça do buraco, e por fim uma chama subia. Fogo! Então, se aparecesse um leão, bastava agitar o graveto de fogo e ele sairia correndo.

O uso do fogo tornou os humanos especiais. Quase todos os animais dependem do próprio corpo para ter poder: a força dos músculos, o tamanho dos dentes, o corte das garras. Mas graças ao fogo os humanos ganharam o controle sobre uma fonte de poder ilimitada e que não dependia de seus corpos. Um humano fracote com um galho em chamas podia queimar uma floresta em poucas horas, destruindo milhares de árvores e matando milhares de animais.

Mas o melhor de tudo não era que o fogo espantava leões ou fornecia calor e luz para as pessoas. O melhor foi que, com o fogo, **os humanos puderam começar a cozinhar**.

Antes de controlarem o fogo, as pessoas gastavam bastante tempo e faziam muito esforço ao comer comida crua. Tinham de partir tudo em pedacinhos e mastigar, mastigar, depois era um trabalhão para o estômago digerir. Isso exigia dentes e estômago grandes e muita paciência. Quando os humanos dominaram o fogo, **comer ficou bem mais fácil**. O cozimento amaciava a comida, e assim o tempo e o esforço para fazer a digestão diminuíram bastante. Como resultado, os humanos começaram a mudar: dentes menores, estômago menor... e muito mais tempo livre!

Faça um teste: quando alguém for cozinhar batatas, peça para provar uma crua. Mas calma, não coma a batata toda! Dê só uma mordidinha. Provavelmente você vai cuspir tudo e lavar a boca. Ela é dura e tem um gosto horrível! Mas batata assada é uma delícia. Em casa, é provável que vocês cozinhem batatas no fogão, no forno ou no micro-ondas, sem fazer uma fogueira. No passado, porém, o ato de cozinhar começou com uma fogueira a céu aberto. Então, se você gosta de batata assada ou frita, agradeça ao seu amigo fogo.

Alguns cientistas até acreditam que cozinhar foi o que permitiu que o cérebro humano começasse a crescer. Mas o que cozinhar tem a ver com o cérebro?

É que quando os humanos gastavam muito tempo e energia mastigando a comida com seus dentes grandes e digerindo com seus estômagos volumosos, não restava muita energia para o cérebro. Por isso, os primeiros humanos tinham estômago grande e cérebro pequeno. Assim que começaram a cozinhar, isso mudou: eles puderam gastar bem menos energia para mastigar e digerir e sobrou mais energia para alimentar um cérebro grande. O estômago encolheu, o cérebro cresceu, e as pessoas ficaram mais inteligentes.

Mas não devemos exagerar a importância disso. Tudo bem, os humanos tinham ficado mais inteligentes, sabiam fazer ferramentas, acendiam fogueiras e às vezes até caçavam uma zebra ou uma girafa. E conseguiam se proteger melhor de leões e ursos. Mas só isso. O ser humano ainda era apenas mais um animal. Não estava nem perto de dominar o mundo.

DIFERENTES TIPOS DE HUMANOS

Hoje, por mais que pessoas de várias partes do mundo tenham uma aparência diferente e falem línguas diferentes, somos todos iguais. Na China ou na Itália, na Groenlândia ou na África do Sul, em todos os lugares encontramos o mesmo tipo de humano. Sem dúvida existem diferenças, por exemplo, na cor do cabelo e da pele entre chineses, italianos, groenlandeses e sul-africanos, mas **por baixo da pele todos temos corpos semelhantes**, cérebros semelhantes e habilidades semelhantes. Chineses podem aprender italiano, groenlandeses podem jogar futebol com sul-africanos e todos podem construir uma nave espacial juntos.

É bem estranho só existir um tipo de humano no mundo inteiro. Afinal de contas,

em cada região existem tipos diferentes de formigas, cobras, ursos. Na gelada Groenlândia há ursos-polares, nas montanhas canadenses há ursos-cinzentos, nas florestas da Romênia há ursos-pardos e nas florestas de bambu da China há pandas. Então por que só existe um tipo de humano em todos esses lugares?

Na verdade, durante muito tempo nosso planeta abrigou muitos tipos de humanos. Em várias partes do mundo os humanos precisaram lidar com animais, plantas e climas diferentes. Alguns viviam em montanhas muito altas e cheias de neve, outros em praias tropicais ensolaradas. Certos humanos conseguiram viver bem no deserto, outros em pântanos. Por mais de 1 milhão de anos, seres humanos foram se adaptando às condições únicas de cada área e pouco a pouco se diferenciaram — como aconteceu com os ursos.

Então por que hoje todos os humanos são de apenas um tipo? O que aconteceu com os outros? Uma catástrofe terrível matou os outros, e somente o nosso tipo de humano permaneceu. Mas qual catástrofe? Esse é um grande segredo, e as pessoas não gostam de falar sobre ele. Trataremos disso daqui a pouco, mas primeiro vamos conhecer alguns dos outros tipos de humanos que já viveram em diversas partes do mundo.

ILHA DE ANÕES

Vamos começar a visitar nossa família pela pequena ilha de Flores, na Indonésia. Mais ou menos 1 milhão de anos atrás, o nível do mar ao redor dessa ilha era mais baixo. **Muitos lugares hoje cobertos por água eram terra firme**, e Flores ficava bem mais perto das ilhas maiores vizinhas. Para alguns humanos curiosos e outros animais grandes, como elefantes, era fácil fazer a travessia até lá. Mas quando o nível do mar subiu, humanos e elefantes ficaram presos na ilha e não puderam mais voltar para as ilhas maiores.

Flores é pequena, e não havia muito alimento disponível ali. As pessoas grandes e os elefantes maiores, que precisavam de mais comida, eram os primeiros a morrer. Quem era menor e precisava comer menos sobrevivia. Quando um homem pequeno tinha filhos com uma mulher pequena, esses filhos eram ainda menores do que seus pais. Claro que nem todos tinham o mesmo tamanho — alguns eram pequenos, outros menores ainda. E como a comida continuava sendo pouca, eram novamente os menores que sobreviviam. Assim, de geração em geração, as pessoas e os elefantes da ilha de Flores foram ficando cada vez menores... até que por fim **eles se tornaram humanos anões e elefantes anões**.

O modo como humanos e elefantes ficaram cada vez menores é um exemplo de "evolução". A evolução explica não só de onde vieram os anões de Flores, mas também **de onde vieram todos os animais e plantas**. Ela explica por que as girafas têm pescoço comprido, por que as raposas são espertas e por que os cangambás são fedorentos.

Quando girafas competem para comer as folhas das árvores, a que tem o pescoço mais comprido alcança as folhas mais altas. Ela consegue mais comida, por isso tem mais bebês — e eles também têm pescoço comprido. Quando raposas competem para caçar um animal, as mais espertas têm mais sucesso, por isso têm mais filhotes, e seus filhotes também são espertos. E quando uma raposa caça cangambás, provavelmente não suporta o cheiro do mais fedido e o deixa em paz — e assim o mais fedorento sobrevive e tem cangambazinhos superfedorentos!

É importante lembrar que a evolução demora muitas gerações. **Levou muito tempo para que os cangambás se tornassem tão fedorentos**, e também levou milhares de anos até que os humanos e os elefantes da ilha de Flores se tornassem anões. Não aconteceu de repente, como num conto de fadas em que alguém bebe uma poção mágica e imediatamente fica minúsculo, ou quando uma bruxa faz um feitiço e — abracadabra! — no mesmo instante o príncipe se transforma num sapo. Na verdade, levou tanto tempo que ninguém notou as mudanças. A cada geração, humanos e elefantes ficavam só um pouquinho menores — e como ninguém vive mil anos, não dava para perceber o que estava acontecendo.

Esta é uma das **maiores leis da vida**: mudanças pequenas que ninguém nota vão se acumulando e, com o tempo, se tornam grandes mudanças. Não é só a evolução que faz isso, mas também muitas outras coisas na natureza. Quem vê um fiozinho de água pingar numa rocha sólida pode pensar que a rocha é muito mais forte que a água. Parece que a água apenas corre por cima dela, sem efeito nenhum. Mas se voltássemos lá milhares de anos mais tarde, veríamos que a água cavou um buraco fundo na rocha. Cada gotinha só fez uma diferença minúscula; porém, depois de milhões de gotas, a paciência da água é mais forte do que a solidez da rocha.

Outro bom exemplo é o nosso crescimento. Você nunca se vê crescendo quando se olha no espelho. Mesmo que fique prestando atenção durante horas, não vai perceber que está mais alto ou que seu cabelo ficou mais comprido. Toda manhã, quando você se vê no espelho, é provável que esteja igualzinho a ontem. Mas daqui a vinte anos você vai estar completamente diferente. Como isso acontece? Existe algum dia especial em que você toma uma pílula mágica, vai dormir e acorda adulto? Não, você muda um pouquinho por dia, e com os anos essas mudanças minúsculas acumuladas fazem de você um adulto.

É assim que crescemos. É assim que a água cava um buraco na rocha. E também foi assim que os humanos da ilha de Flores se tornaram anões. Devagar, um passo de cada vez.

Os humanos anões viveram em Flores por muitos anos, mas a catástrofe que matou todos os outros tipos de humanos também matou esses. Por isso, até pouco tempo atrás **ninguém sabia da existência deles**. Ou quase ninguém. Alguns moradores de Flores contavam histórias sobre bandos de anões que viveram na selva muito tempo atrás. Esses anões eram chamados de Ebu Gogo, que significa "vovó come tudo", porque os pequenos humanos realmente comiam qualquer coisa! Mas a maioria achava que essas histórias não passavam de contos de fadas bobinhos.

Alguns anos atrás, arqueólogos começaram uma escavação em uma caverna da ilha de Flores. Arqueólogos são cientistas que gostam de explorar os lugares mais esquisitos, em busca de pistas sobre o passado distante. O que eles encontraram nessa caverna da ilha de Flores era fascinante: ferramentas de pedra muito antigas, restos de uma fogueira, ossos de elefante e esqueletos de vários humanos pequenos, que viveram na ilha há mais de 50 mil anos.

Primeiro os arqueólogos pensaram que fossem esqueletos de crianças, mas depois descobriram que eram de adultos. Talvez o Ebu Gogo não fosse um conto de fadas! **Era uma vez um povo anão que viveu em Flores.** Esses humanos antigos não tinham mais que um metro de altura e pesavam uns 25 quilos. Mas sabiam usar ferramentas e até caçavam elefantes anões.

A FAMÍLIA HUMANA

Enquanto os humanos de Flores se tornavam anões, outro tipo de humano evoluía na Europa e em muitas partes da Ásia. Lá fazia muito frio, e eles foram se adaptando ao clima. Os cientistas deram a eles o nome de "os humanos do vale de Neander", ou neandertais, porque as primeiras evidências de que eles existiram foram encontradas numa caverna do vale de Neander, na Alemanha. Os neandertais tinham mais ou menos a nossa altura, mas eram mais pesados e muito mais fortes. Além disso, o cérebro deles era maior do que o nosso.

O que os neandertais fizeram com seu cérebro grande? Não construíram carros ou aviões nem escreveram livros. Mas fizeram ferramentas e joias, e provavelmente muitas outras coisas. Talvez fossem até mais hábeis do que nós para reconhecer cantos de aves ou seguir rastros de animais — ou para dançar e sonhar. Ou talvez não. Não sabemos.

Há várias coisas que não sabemos sobre o passado, e quando não temos certeza de algo **é sempre melhor dizer "não sei"**. Para a ciência, dizer "não sei" é muito importante. Esse é o primeiro passo, e só depois que admitimos não saber alguma coisa podemos começar a procurar a resposta. Se disséssemos que já sabemos tudo, não haveria por que aprender nada.

Em 2008, arqueólogos fizeram outra descoberta surpreendente. Quando exploravam a caverna Denisova, na Sibéria, acharam um pedaço de osso de um dedo humano muito antigo. Era parte do dedo mindinho de uma menina que viveu há mais ou menos 50 mil anos.

Os arqueólogos examinaram melhor aquele osso e descobriram que a menina era um tipo de ser humano até então desconhecido. Não era neandertal, não era uma anã de Flores e era bem diferente de nós. Eles chamaram a menina e seus parentes de "denisovanos", em homenagem ao nome da caverna onde o dedo foi encontrado.

Como temos certeza de que esse dedo pertenceu a um tipo desconhecido de humano e não, por exemplo, a um neandertal? É que cada parte do nosso corpo é feita de muitas células pequenas que se juntam para formar um nariz, um coração, um dedo. Cada uma delas contém uma cópia de um minúsculo "manual de instruções" que diz à célula o que fazer. Ele diz a algumas para formar um nariz, a outras para formar um dedo. Até a nossa saliva, os nossos ossos e a raiz dos nossos fios de cabelo têm cópias desse manual de instruções — sem ele, nosso corpo não saberia como fazer mais saliva, mais ossos e mais cabelo.

O nome desse manual de instruções é DNA. Não podemos ver o DNA a olho nu, mas se olharmos uma gota de saliva, um pedaço de osso ou fios de cabelo através de um microscópio muito potente, veremos o DNA todo enrolado dentro de uma célula. E com a ajuda de vários instrumentos especiais é possível até ler as instruções codificadas nele. Quando lemos o DNA de pessoas de pele escura, encontramos lá instruções para fazer pele escura. O DNA de pessoas de pele clara contém instruções para fazer pele clara.

Por isso, apenas uma cópia do DNA de uma pessoa já permite saber bastante sobre ela. E isso também vale se ela tiver vivido muito tempo atrás! **O DNA pode sobreviver por milhares de anos** após a morte do corpo, especialmente em lugares frios e secos.

A caverna de Denisova, na Sibéria, é bem fria e seca. Quando os arqueólogos examinaram o fragmento de dedo que encontraram lá, conseguiram extrair DNA do osso e ler o seu código. Não se parecia com o DNA de nenhum tipo conhecido de humano. Foi assim que eles souberam que as pessoas que viveram na caverna de

Denisova 50 mil anos atrás eram um tipo de humano até então desconhecido, diferente de nós, dos neandertais e dos anões da ilha de Flores.

Imagine que, num futuro distante, todos os humanos tenham desaparecido do planeta e o mundo seja dominado por ratos superinteligentes. Um dia, pode ser que um rato arqueólogo escave numa caverna e encontre o seu dedo. Graças apenas ao seu dedo, os ratos saberão que os humanos já viveram na Terra. Por isso, cuide bem dos seus dedos.

Muitos outros tipos de humanos já viveram na Terra além dos anões, dos neandertais e dos denisovanos. Sabemos bem pouco sobre eles, porque não deixaram muitos ossos ou ferramentas e não conseguimos ler todo o seu DNA.

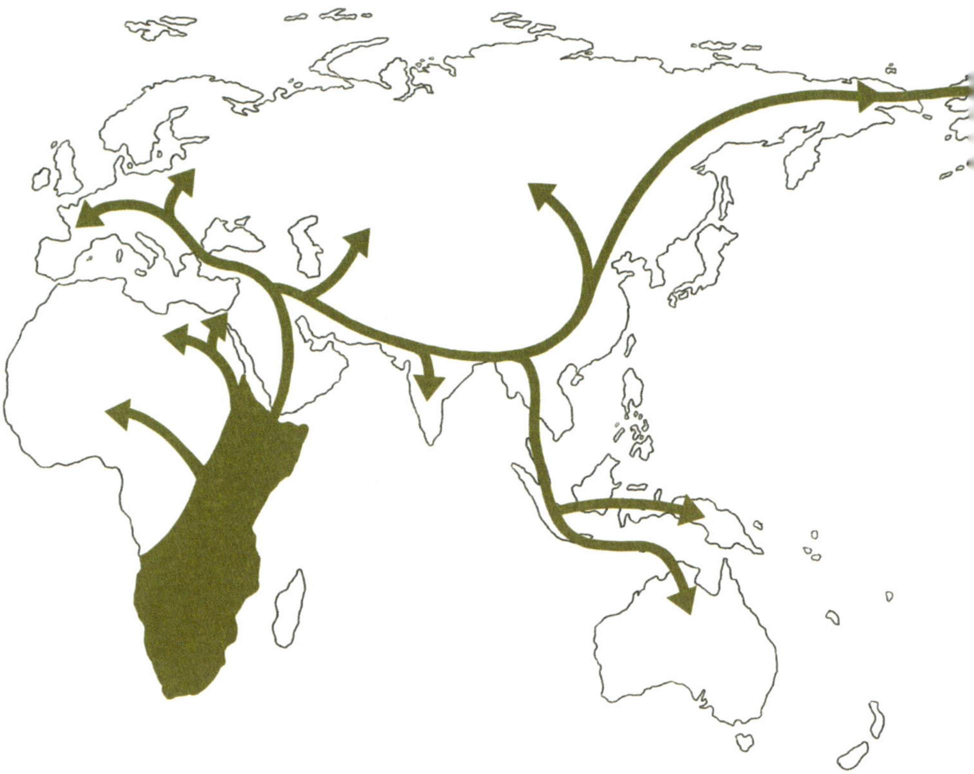

QUE TIPO DE HUMANO VOCÊ É?

Mas sabemos bastante sobre um tipo de humano antigo: os nossos ancestrais. Na época em que os anões viviam na ilha de Flores, os neandertais na Europa e os denisovanos em cavernas na Sibéria, os nossos ancestrais viviam principalmente na África.

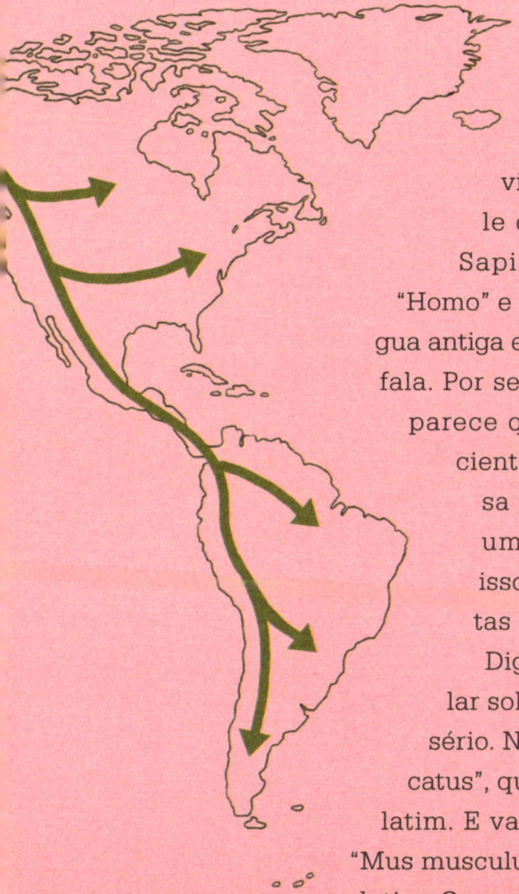

Os cientistas chamam nossos ancestrais de "Homo sapiens", ou só "sapiens", para abreviar. É porque viviam na ilha de Sapiens, no vale de Sapiens ou na caverna de Sapiens? Que nada. As palavras "Homo" e "sapiens" são do latim, uma língua antiga e complicada que ninguém mais fala. Por ser antigo e complicado, o latim parece quase mágico, então, quando cientistas querem fazer alguma coisa parecer importante, dão a ela um nome nessa língua. Fazem isso com doenças, remédios, plantas e animais.

Digamos que um cientista vai falar sobre gatos e quer parecer muito sério. Não vai dizer "gato", e sim "Felis catus", que quer dizer "gato esperto" em latim. E vai chamar um camundongo de "Mus musculus", que significa "rato ratinho" em latim. Quem lê as palavras "o gato esperto caça o ratinho" provavelmente vai pensar que o livro é para bebês. Mas se ler "*Felis catus caça Mus musculus*", já pensa que está diante de um livro científico muito sério.

Todos os tipos de humanos também ganharam um nome chique em latim. Quando cientistas falam sobre os neandertais e querem parecer sérios e importantes, dizem "Homo neandertalensis". Em latim, **"Homo" significa "humano"** e "neandertalensis" quer dizer "do vale de Neander". Juntando os dois, temos "os humanos do vale de Neander". E quando cientistas falam sobre os anões de Flores, é claro que não usam a palavra "anão". Seria simples demais! Preferem dizer "Homo floresiensis", que significa "os humanos da ilha de Flores".

Quando os cientistas escolheram um nome para o nosso tipo de humano, claro que teria de ser um respeitável nome em latim. Escolheram *Homo sapiens*. O que significa? Em latim, "sapiens" quer dizer "sábio". Então "Homo sapiens" significa "humanos sábios".

Decidimos chamar a nós mesmos de "humanos sábios" — nada modesto, não é? Especialmente porque não sabemos se nós, sapiens, somos de fato mais sábios do que os outros humanos foram. Mas esse é o nosso nome e pronto: sapiens. Você é um sapiens, todos os seus amigos e parentes também são sapiens. Todas as pessoas do mundo são sapiens — alemães são sapiens, nigerianos são sapiens, coreanos são sapiens e brasileiros são sapiens.

Há mais ou menos 100 mil anos, a maioria dos nossos ancestrais sapiens vivia na África. Eles já tinham a mesma aparência das pessoas de hoje — pelo menos depois de um bom corte de cabelo e com jeans e camiseta em vez de pele de animais. Mas ainda havia diferenças entre esses sapiens antigos e nós.

Como todos os outros humanos, os sapiens já controlavam o fogo e tinham ferramentas de pedra, por isso podiam espantar leões e até caçar animais grandes. Mas eles não sabiam plantar trigo, andar a cavalo nem construir carroças ou navios, e não tinham povoados, muito menos cidades grandes. Além disso, eram poucos. Na África inteira provavelmente existiam menos de 100 mil sapiens. Daria para juntar todo mundo dentro de um grande estádio de futebol. Naquele tempo, os sapiens não eram o animal mais importante do planeta — ainda não. Talvez fossem as baleias... ou as formigas.

PRÓXIMA PARADA: SUPERSAPIENS

Mas tudo mudou mais ou menos 50 mil anos atrás. Aconteceu uma catástrofe tremenda no planeta Terra que matou os anões de Flores, os neandertais, os denisovanos e todos os outros tipos de humanos — menos os sapiens. Sabe qual foi essa catástrofe? Não foi um asteroide vindo do espaço. Nem uma erupção de um vulcão gigante. Nem um terremoto. Nada disso: foram os nossos antepassados.

Uns 50 mil anos atrás, **aconteceu uma coisa muito estranha com os nossos ancestrais**. Eles ganharam um superpoder. Quer saber o que foi? É fascinante. Mas explicaremos mais tarde. Como numa boa história de detetive, você precisa continuar a ler para desvendar o mistério! Por enquanto, saiba que isso teve um efeito incrível: os sapiens começaram a se espalhar pelo mundo todo, e sempre que chegavam a um novo vale ou ilha, todos os outros tipos de humanos que viviam lá desapareciam depressa.

Por exemplo, quando os novos supersapiens chegaram à Europa, comeram todas as peras, todas as frutinhas silvestres e caçaram todos os cervos. **Não sobrou nada de comer para os neandertais**, e eles morreram de fome. E caso os neandertais tenham tentado impedir os sapiens de pegar toda a comida, provavelmente foram mortos pelos sapiens.

Depois nossos ancestrais foram para a Sibéria e tiraram toda a comida dos denisovanos. Foram para Flores e... claro que em pouco tempo não havia mais humanos anões nem elefantes anões por lá. E quando **todos os outros humanos** desapareceram, nossos ancestrais ainda não ficaram satisfeitos. Mesmo já sendo muito poderosos, eles queriam ainda mais poder e mais comida, por isso às vezes lutavam uns contra os outros.

UM NEANDERTAL NA FAMÍLIA

Pois é, nós, os sapiens, não somos animais bonzinhos. Podemos ser cruéis com outros sapiens só porque eles têm a pele de cor diferente, falam outra língua ou acreditam em outra religião. Então não é nenhuma surpresa que nossos ancestrais sapiens provavelmente não tratassem muito bem os humanos de um tipo diferente quando os encontravam, como era o caso dos neandertais.

Mas, alguns anos atrás, cientistas descobriram que ao menos alguns dos nossos ancestrais sapiens não mataram por violência ou fome todos os outros humanos que encontraram. Você se lembra do DNA — o manual de instruções do nosso corpo? O DNA pode revelar não só a cor do cabelo ou o formato dos dedos, mas também quem são nossos pais, os pais dos nossos pais, os pais dos nossos avós e assim por diante, até milhares de anos atrás. Isso porque **você recebeu o DNA dos seus pais**, que receberam dos pais deles, e assim por diante.

Quando cientistas começaram a ler o DNA de neandertais, descobriram uma coisa impressionante: algumas pessoas que estão vivas hoje receberam algumas das instruções de seu DNA de neandertais! Isso quer dizer que, embora todas as pessoas hoje vivas sejam sapiens, pelos menos alguns de nós têm um antepassado neandertal.

É bem fácil saber se você tem um antepassado neandertal. Basta cuspir dentro de um tubo de ensaio e mandar para o laboratório. Até **uma simples gota de saliva contém milhões de cópias do seu DNA**. O laboratório pode examinar a saliva, ler o seu DNA e dizer se ele contém partes que vieram de um neandertal que teve um filho com uma antepassada sua 50 mil anos atrás.

Mas por que a sua antepassada iria querer ter filhos com um neandertal? Não sabemos – **talvez eles tenham se apaixonado**, e apesar de os amigos rirem dele e as amigas dizerem que ela não deveria namorar um neandertal, o amor venceu esses obstáculos.

Ou talvez um bando de sapiens tenha adotado um bebê neandertal órfão depois que a família toda dele morreu. Ou então os sapiens podem ter capturado uma menina neandertal e a levado com eles apesar de ela querer voltar para a sua gente. Se jovens neandertais cresceram no meio de sapiens, pode ser que mais tarde tenham tido filhos com sapiens. Mas acontecimentos assim parecem ter sido poucos. Na maioria dos casos, nossos ancestrais expulsaram todos os neandertais que encontraram.

E SE...?

É fascinante imaginar como seria o mundo se nossos ancestrais tivessem sido mais gentis e permitido que os neandertais e os anões de Flores continuassem a viver e se desenvolver. Como seria se esses outros humanos ainda estivessem entre nós?

Será que você veria alguns garotos neandertais fortões no time de futebol da sua escola? Talvez seus vizinhos fossem anões imigrantes de Flores. E na política ou na religião? Denisovanos poderiam votar nas eleições? Padres concordariam em celebrar o casamento de um neandertal com uma sapiens? Um neandertal poderia se tornar padre, rabino ou imame?

Você gostaria de ter um amigo neandertal?

Se os outros humanos tivessem sobrevivido, talvez isso até mudasse o modo como nos vemos. Hoje a maioria das pessoas pensa que somos seres muito especiais. Se você tentar dizer a elas que **humanos são animais**, muitas ficarão bravas, porque pensam que somos completamente diferentes dos animais.

Talvez pensem assim porque, depois que todos os outros tipos de humanos desapareceram, não sobrou nada parecido com os sapiens na Terra. Ficou fácil imaginar que não éramos como outros animais. Mas se os neandertais ou os anões de Flores tivessem sobrevivido, seria muito mais difícil pensar que somos únicos. Talvez tenha sido por isso que nossos ancestrais se livraram de todos os outros humanos.

Mas como nossos ancestrais conseguiram derrotá-los? Os neandertais eram mais fortes, os denisovanos se adaptavam melhor a lugares frios e os anões de Flores precisavam de menos alimento... e mesmo assim nossos ancestrais acabaram conquistando todo o planeta Terra. Qual era o superpoder deles?

2

O SUPERPODER DOS SAPIENS

7
3

AVENTURAS BANANEIRAS

E aí, o que você acha que aconteceu há 50 mil anos? Que superpoder os sapiens ganharam que nos permite dominar o planeta hoje? A resposta não é simples. O Super-Homem o Homem-Aranha, a Mulher-Maravilha e os outros super-heróis do cinema são poderosos porque são muito fortes, velozes, corajosos. Mas os sapiens não eram mais fortes, mais velozes ou mais corajosos que os neandertais — ou que tantos outros animais. Um sapiens dificilmente vencerá se lutar com um lobo, um crocodilo ou um chimpanzé. Até uma vovó chimpanzé pode dar uma surra no campeão mundial de boxe.

Nós só conseguimos espantar lobos e prender chimpanzés no zoológico porque **sabemos cooperar em grandes grupos**. Um humano não é capaz de derrotar um chimpanzé, mas mil humanos juntos podem realizar coisas incríveis nunca sonhadas por esses primatas. É graças ao nosso superpoder secreto que podemos cooperar melhor do que qualquer outro animal. Cooperamos até com desconhecidos.

Por exemplo, pense na última fruta que você comeu. Uma banana, talvez. De onde ela veio? Se você fosse um chimpanzé, precisaria entrar na floresta e pegar você mesmo a banana. Mas como você é humano, **costuma contar com a ajuda de desconhecidos**. Poucas pessoas colhem suas próprias bananas. Quase sempre alguém que você nunca viu nem verá cultivou essa banana a milhares de quilômetros de onde você está. Depois outros desconhecidos a puseram num caminhão, num trem ou num navio e a transportaram para o supermercado do seu bairro. Aí você foi lá, escolheu sua banana, levou até o caixa e pagou. Foi assim que você conseguiu sua banana.

Quantas pessoas tocaram nessa banana antes de você comprá-la? Quantas dessas pessoas você conhece? Talvez nenhuma... mas elas ajudaram você a conseguir sua banana.

Agora pense na sua escola. Quantas pessoas são necessárias para que exista uma escola? Em primeiro lugar, muitos alunos. Sem eles, não precisaria haver uma escola! **Quantos alunos a sua escola tem?** Depois, é preciso ter professores — tente contar quantos são na sua escola. E há também as pessoas que construíram a escola, as que cuidam da limpeza, as que servem comida na lanchonete, as que geram eletricidade para iluminar as salas de aula, as que escreveram e imprimiram todos os livros e muitas, muitas outras. Então, no total, de quanta gente uma escola precisa para existir? **E quantas dessas pessoas você conhece pessoalmente?**

Todas as grandes realizações da humanidade, como a ida à Lua, foram resultado da **cooperação entre centenas de milhares de pessoas**. Em 1969, Neil Armstrong foi o primeiro homem a pisar na Lua. Ele chegou lá numa nave espacial, mas não foi ele quem a construiu.

Incontáveis pessoas cooperaram para construir a nave espacial: mineiros extraíram ferro do solo para obter o material da nave, engenheiros fizeram o projeto, matemáticos calcularam a melhor

rota para a viagem, sapateiros fizeram os calçados especiais que Neil Armstrong usou para andar na Lua, e agricultores plantaram bananas para que os astronautas tivessem o que comer no espaço.

Águias voam porque têm asas. Humanos voam porque sabem cooperar em grandes grupos. **É isso que nos torna tão poderosos.** Podemos cooperar com milhares de desconhecidos para ter bananas, construir uma escola ou chegar à Lua. Chimpanzés não podem fazer isso. Eles não têm lojas onde podem comprar bananas plantadas do outro lado do mundo. Não têm escolas onde centenas de jovens chimpanzés estudam juntos. Não voam para lugar nenhum, muito menos para a Lua.

Os chimpanzés não podem fazer essas coisas porque só cooperam em pequenos grupos e quase nunca com desconhecidos. Se eu fosse um chimpanzé e quisesse cooperar com você, precisaríamos nos conhecer pessoalmente. Que tipo de chimpanzé você é? É amistoso ou bravo? É confiável? Como podemos cooperar se não conheço você?

Faça uma lista das pessoas que você conhece muito bem. Quantas são? Não vale gente que você vê

na televisão ou nas redes sociais, só quem encontra pessoalmente. **Pessoas que conhecem os seus segredos** – e você os delas. Se você ficasse preso numa enchente ou um cachorro bravo o ameaçasse, quem viria em seu socorro?

Se você for como a maioria das pessoas, **sua lista terá menos de 150 nomes**. Cientistas pediram a muitas pessoas para fazer uma lista assim e viram que, em média, é praticamente impossível um humano ter laços pessoais fortes com mais de 150 indivíduos.

Agora tente contar quantas pessoas você vê em um só dia. Todas as que passam por você na rua ou que pegam o mesmo ônibus que você. Todas as que vão para a escola com você, as que compram na mesma loja. Todas as pessoas que assistiram a uma partida de futebol com você. Quantas acha que serão?

Se você mora em uma cidade grande como Londres ou Tóquio, provavelmente contará milhares de pessoas. Não é impressionante?

Você só conhece bem umas 150 pessoas, mas vê milhares de desconhecidos toda vez que entra num shopping, num estádio ou numa estação de metrô. Se você tentasse juntar milhares de chimpanzés nesses lugares, o resultado seria caótico. Mas milhares de humanos se amontoam todos os dias, e quase sempre se comportam em perfeita ordem.

E foi assim que nossos ancestrais sapiens venceram os neandertais e todos os outros tipos de humanos milhares de anos atrás. Só os nossos antepassados sabiam cooperar em grandes grupos, até com desconhecidos. Mais pessoas cooperando tiveram mais ideias sobre como fazer ferramentas, encontrar comida e curar ferimentos.

Os neandertais eram ensinados e ajudados apenas por uns poucos amigos e parentes, mas os sapiens podiam contar com muitas pessoas que eles não conheciam bem. Um sapiens sozinho não era

mais inteligente do que um neandertal, mas com o tempo os sapiens ficaram bem mais hábeis em inventar ferramentas e caçar animais. E, se fosse para lutar, quinhentos sapiens conseguiam facilmente derrotar cinquenta neandertais.

POR QUE AS FORMIGAS TÊM RAINHAS, MAS NÃO ADVOGADOS

Só existe um outro tipo de animal capaz de cooperar em grupos muito grandes: os insetos sociais, como formigas, abelhas e cupins. Assim como nós, que vivemos em cidades, formigas e abelhas vivem em colônias e colmeias, algumas com milhares de habitantes. Milhares de formigas cooperam para conseguir comida, cuidar da cria, construir pontes e até lutar em guerras.

Mas há **uma grande diferença entre humanos e formigas**. Elas diferem de nós porque só sabem se organizar de um modo. Por exemplo, se você olhar uma colônia de formigas-cortadeiras, verá que ela se organiza como todas as colônias desse tipo de formiga no mundo inteiro. Em cada colônia, as formigas se dividem em cinco grupos: forrageiras, construtoras, soldados, nutrizes e rainhas.

As forrageiras buscam grãos e caçam pequenos insetos para alimentar a colônia. As construtoras cavam túneis e constroem o formigueiro. As soldados defendem a colônia e lutam contra outros exércitos de formigas. As nutrizes cuidam das formigas bebês. E as rainhas governam a colônia e põem ovos para fazer mais bebês formigas.

É só assim que essas formigas sabem se organizar. **Elas nunca se revoltam contra a rainha** e resolvem eleger uma formiga presidente. As construtoras e as forrageiras não fazem greve por aumento de salário. As soldados não assinam tratados de paz com colônias vizinhas. As nutrizes não trocam de emprego para virar advogadas, escultoras ou cantoras de ópera. Elas não inventam novas comidas, novas armas ou novos esportes como o tênis. As formigas-cortadeiras de hoje vivem da mesma forma que viviam há milhares de anos.

Em compensação, nós, humanos, estamos sempre mudando nossos modos de cooperar. Inventamos novos jogos, novos estilos de vestir, novos empregos, e temos muitas revoluções políticas. Há trezentos anos as pessoas praticavam tiro ao alvo com arco e flecha, e hoje marcamos pontos em jogos de computador. Há trezentos anos quase todas as pessoas eram agricultoras. Hoje temos motoristas de caminhão, tosadores de cachorro, programadores de computador, preparadores físicos. Há trezentos anos a maioria dos países era governada por reis e rainhas. Hoje a maior parte é governada por parlamentos e presidentes.

Então nós, sapiens, conquistamos o mundo porque cooperamos em grupos muito grandes, tal qual as formigas, e sempre podemos mudar o modo de cooperar, o que nos ajuda a inventar coisas novas. **Esse é o nosso superpoder?** Não exatamente. Para entender o superpoder exclusivo dos sapiens, precisamos responder a uma última pergunta: como nossos ancestrais aprenderam a cooperar em grandes grupos? E por que somos capazes de mudar sempre o nosso comportamento? A resposta nos revelará nosso verdadeiro superpoder. O que você acha que é?

ZUMBIS, VAMPIROS E FADAS

Na verdade, talvez você fique meio decepcionado com a resposta. Quando leu a palavra "superpoder", estava esperando algo como ler mentes, prever o futuro ou ficar invisível? Ora, é claro que nós, humanos, não podemos fazer nada disso. Então a resposta tem que ser outra. Nosso superpoder precisa ser uma coisa que todos nós temos, certo?

Pois saiba que nosso superpoder é algo que usamos o tempo todo, mas que não consideramos um superpoder. Tem gente que até considera uma fraqueza. É — rufem os tambores! — **nossa capacidade de imaginar coisas** que não existem e contar todo tipo de histórias imaginárias. Somos os únicos animais capazes de inventar lendas, contos de fadas e mitos e acreditar neles.

Claro que outros animais podem se comunicar. Quando um chimpanzé vê um leão, ele pode gritar (na língua dos chimpanzés) "Cuidado, leão!", e o bando todo foge. E se um chimpanzé vir uma banana, sabe dizer na língua deles "Olhem lá uma banana, vamos pegar!".

Mas chimpanzés não têm a capacidade de inventar coisas que nunca viram, provaram ou tocaram — unicórnios e zumbis, por exemplo.

Assim como os chimpanzés, os sapiens usam a linguagem para contar o que veem, tocam e provam, mas também sabemos inventar histórias sobre coisas que não existem, como fadas e vampiros. Chimpanzés não sabem fazer isso. E os neandertais também não sabiam.

Como os sapiens ganharam essa habilidade curiosa? Não temos certeza. Talvez tenha acontecido uma mudança acidental no manual de instruções do DNA dos sapiens. Talvez duas partes do cérebro que eram separadas tenham se conectado. Talvez esse erro tenha feito o cérebro dos sapiens passar a produzir histórias esquisitas. **Às vezes, erros podem gerar inovações extraordinárias.** Esse erro não aconteceu no manual de instruções dos neandertais, por isso eles não sabiam inventar histórias e crer nelas.

Talvez sim, talvez não. Não sabemos. Cientistas ainda estão investigando essa questão.

Mas o que realmente importa não é como os sapiens ganharam essa capacidade de contar histórias, e sim para que servem as histórias. Mas por que chamar isso de superpoder? E daí que os sapiens sabiam inventar histórias e os neandertais não? **Como contos de fadas podem ser úteis numa floresta?** Se um gênio saísse da garrafa e lhe oferecesse um poder especial, você escolheria ficar invisível ou inventar histórias sobre fadas?

Para algumas pessoas, acreditar em contos de fadas já é considerado um problema. Se os sapiens entrassem na floresta à procura de fadas, unicórnios e espíritos imaginários enquanto os neandertais procuravam veados, nozes e cogumelos reais, os neandertais não deveriam ter sobrevivido com mais facilidade?

Na verdade, histórias são úteis porque, por mais ridículas que sejam, ajudam grandes grupos de pessoas a cooperar. Se milhares de pessoas acreditarem na mesma história, todas seguirão as mesmas regras, e com isso poderão cooperar de forma eficiente. Até com desconhecidos. Graças às histórias, os sapiens cooperam muito melhor do que neandertais, chimpanzés ou formigas.

O ESPÍRITO DO GRANDE LEÃO

Suponha que um sapiens conte a todos uma história assim: "Existe um Espírito do Grande Leão que vive acima das nuvens. Se você obedecer ao Espírito do Grande Leão, quando morrer irá para a terra dos espíritos e terá muitas bananas para comer. Se desobedecer, um leão enorme virá comer você!".

Claro que essa história não é verdadeira. Mas se mil pessoas acreditarem nela, todas começarão a fazer o que a história manda. E

então essas mil pessoas poderão cooperar facilmente, mesmo que não se conheçam.

Se for dito que "O Espírito do Grande Leão quer que todos fiquem num pé só", **mil pessoas ficarão num pé só!**

Se for dito que "O Espírito do Grande Leão quer que todos usem uma casca de coco na cabeça", mil pessoas usarão uma casca de coco na cabeça! (O que é bem útil, pois assim fica fácil saber quem acredita e quem não acredita no Espírito do Grande Leão.)

Se for dito que o Espírito do Grande Leão quer todos unidos para lutar contra os neandertais ou construir um templo, mil pessoas irão cooperar na luta contra os neandertais ou na construção do templo.

Se for dito que "O Espírito do Grande Leão quer que cada um dê uma banana ao sacerdote no templo, e, em troca, quando morrerem, todos receberão muitas bananas no mundo dos espíritos", mil pessoas levarão uma banana para o sacerdote. E ele terá uma montanha de bananas!

Isso é algo que só nós, sapiens, sabemos fazer. Você não convencerá um chimpanzé a lhe dar uma banana prometendo que quando ele morrer irá para o céu dos chimpanzés

e terá bananas à vontade. Nenhum chimpanzé vai acreditar — apenas sapiens creem em histórias assim. E é por isso que nós dominamos o mundo e os pobres chimpanzés são presos em zoológicos.

Você acha isso estranho? É difícil acreditar que histórias controlam o mundo? Então observe como todos os adultos que você conhece se comportam. Eles fazem umas coisas bem estranhas, não?

O HOMEM-LEÃO

Algumas pessoas usam uns chapéus engraçados porque acreditam que um grande deus gosta muito desses chapéus. Outras não comem certos tipos de alimentos deliciosos porque creem que um grande deus mandou não comerem. Algumas vão fazer guerra do outro lado do mundo porque creem que um grande deus lhes ordenou. Outras dão muito dinheiro para a construção de um prédio enorme porque acreditam que um grande deus quer que ele seja erguido.

Os filhos dessas pessoas talvez perguntem "Por que precisamos desse prédio? Por que usamos esses chapéus esquisitos? **Por que temos que lutar com pessoas** do outro lado do mundo?". Então os pais contam aos filhos as histórias em que os adultos creem para que eles também comecem a crer.

Não sabemos exatamente quando os sapiens começaram a inventar histórias. Mas foi muito tempo atrás, quando os anões de Flores e os neandertais ainda viviam na Terra, lado a lado com nossos ancestrais. Não sabemos que histórias eles contavam. Talvez fossem histórias sobre o Espírito do Grande Leão. Talvez ele fosse parecido com um humano com cabeça de leão.

Arqueólogos encontraram uma estátua com corpo humano e cabeça de leão na caverna de Stadel, na Alemanha. Ela foi esculpida por sapiens há mais ou menos 32 mil anos. **Uma criatura como essa nunca existiu**. Por isso, o homem-leão só pode ter sido inventado por pessoas que viveram naquela região 32 mil anos atrás. Não conhecemos as histórias que contavam sobre o homem-leão, mas se milhares de pessoas acreditavam nas mesmas histórias sobre ele, isso as ajudava a cooperar. E a cooperação as ajudou a expulsar os neandertais que viviam lá antes de elas chegarem.

Com o tempo, as pessoas deixaram de crer no homem-leão. Esqueceram sua história, jogaram fora sua estátua. E, apesar de arqueólogos terem encontrado a estátua, ninguém mais conhece a história do homem-leão. Mas hoje as pessoas acreditam em outras histórias.

HISTÓRIAS EM QUE OS ADULTOS ACREDITAM

Você já chegou a uma quadra poliesportiva, deu de cara com gente desconhecida, e dali a pouco vocês estavam jogando futebol juntos? Como é possível fazer isso sem conhecer todo mundo? Afinal de contas, **o futebol é um jogo complicado**, cheio de regras.

Imagine se cada jogador seguisse regras diferentes. Um diz que o campeão é quem conseguir ficar em pé em cima da bola por mais tempo sem cair. Outro esconde a bola e diz que o vencedor é quem a encontrar primeiro. Dois outros pegam a bola, começam a fazer passes e dizem que jogam futebol assim, sem que exista um vencedor. Afinal, **por que vencer tem que ser o objetivo de qualquer jogo?**

Se cada um seguisse regras diferentes, como vocês poderiam jogar futebol juntos?

Por sorte, quase nunca acontecem problemas assim, pois a maioria acredita na mesma história sobre o futebol. Todos aceitam que o objetivo do jogo

é fazer a bola entrar no gol. Todos aceitam que a bola é para ser tocada com os pés e nunca com as mãos, a menos que você seja goleiro. Todos aceitam que não vale chutar outro jogador. Todos aceitam que o campo tem limites marcados por linhas e que, se a bola sair do campo, ficará com o outro time.

Mas por que todos aceitam essas regras? Ora, é porque seus pais e professores lhes contaram a história do futebol. Talvez eles tenham visto seus irmãos e irmãs mais velhos jogarem, e provavelmente até assistido a partidas com jogadores famosos como Lionel Messi e Marta na televisão.

É por causa disso que os **adultos conseguem participar de jogos muito complicados**: porque acreditam nas mesmas histórias e seguem as mesmas regras. Um dos jogos mais interessantes que eles criaram se chama "empresa". É bem mais complicado do que futebol.

Já ouviu falar desse jogo? Conhece alguma empresa famosa? Você já ouviu falar do McDonald's, certo? Ele é uma empresa. Outras delas são Coca-Cola, Google, Facebook, Disney, Toyota, Mercedes e Ford. Se sua família tem carro, ele foi feito por uma empresa. Se

você come cereal de manhã ou chocolate na sobremesa, olhe a embalagem: provavelmente verá o nome e o logotipo da empresa que fabricou esse alimento.

Talvez alguém da sua família trabalhe numa empresa. Você sabe qual é?

Mas o que exatamente é uma empresa? **É algo que você pode ver, cheirar ou tocar?** Você pode até achar que sim, porque o tempo todo ouvimos falar em empresas e nas coisas que elas fazem. Elas contratam e demitem pessoas, poluem o meio ambiente ou inventam algo que talvez possa salvar o mundo. Devem ser reais como um chimpanzé ou uma banana são reais, certo? Vamos examinar melhor essa questão. Por exemplo, o McDonald's. O que exatamente é o McDonald's?

Não são os hambúrgueres e as batatas fritas que muita gente gosta de comer. O McDonald's faz hambúrgueres, mas não *é* os hambúrgueres. **Se o Godzilla aparecesse e comesse todos os hambúrgueres**, o que aconteceria com a empresa McDonald's? Nada de mais. Ela continuaria a existir, e apenas precisaria fazer mais hambúrgueres.

Então talvez a empresa McDonald's seja as lanchonetes onde você come hambúrgueres e fritas, não? Nada disso. O McDonald's tem milhares de lanchonetes, mas isso não quer dizer que ele *é* as lanchonetes. Um terremoto gigante poderia destruir todas as lanchonetes McDonald's, mas não destruiria a empresa McDonald's. O McDonald's construiria novas lanchonetes e continuaria fazendo hambúrgueres e fritas.

Talvez o McDonald's seja as pessoas que trabalham nas lanchonetes, certo? Os gerentes, cozinheiros, atendentes, faxineiros? Também não. Imagine que todos os empregados peçam demissão, porque não gostam do trabalho ou querem ganhar mais. O McDonald's não desaparecerá. Apenas contratará outras pessoas. Todos os empregados serão diferentes, mas o McDonald's continuará a ser o mesmo.

Então o McDonald's deve ser as pessoas que contratam os empregados e decidem quanto pagar a eles e onde abrir novas lanchonetes. Esses são os chamados proprietários do McDonald's. Quando o McDonald's vende muitos hambúrgueres e ganha muito dinheiro, esses proprietários ficam ricos.

Mas os proprietários do McDonald's mudam bastante. No começo, a empresa pertencia a uma única família. Será que você consegue adivinhar como ela se chamava?

Acertou: família McDonald. Richard e Maurice McDonald abriram a primeira lanchonete McDonald's em 1940 e lhe deram seu sobrenome. Richard e Maurice já morreram faz muitos anos, mas a empresa McDonald's continua a existir. Os filhos deles herdaram o McDonald's? Não, pois Richard e Maurice venderam o McDonald's a outras pessoas muito antes de morrerem. E essas pessoas venderam para outras. Que venderam para outras.

Hoje há milhares de pessoas que são proprietárias do McDonald's. Cada uma possui uma pequena parte da empresa. Essas partes são chamadas de "ações", e **você também pode comprar ações do McDonald's** se quiser. Uma ação custa mais ou menos duzentos dólares. E aí você vai se tornar um dos proprietários do McDonald's.

Se você comprasse um grande número de ações, poderia ser um dos maiores proprietários do McDonald's e decidir abrir um McDonald's na sua rua, criar um novo hambúrguer feito de brócolis ou pagar o dobro do salário aos seus empregados. Mas isso quer dizer que você seria o McDonald's? De jeito nenhum. Pessoas compram e vendem ações do McDonald's o tempo todo, os proprietários mudam muitas vezes, mas o McDonald's é sempre o mesmo. A empresa McDonald's não é as pessoas que a possuem.

Continuamos sem saber o que é o McDonald's, certo? Aonde você iria se quisesse ver, ouvir, tocar ou cheirar essa empresa? A lugar nenhum. Você pode olhar as lanchonetes, falar com os cozinheiros, cheirar os hambúrgueres. Mas isso não é o McDonald's. O McDonald's não é real como um chimpanzé ou uma banana. O McDonald's é uma história em que os adultos acreditam, mas **só existe na nossa imaginação**. Nós a criamos com o superpoder especial dos sapiens.

Talvez um dia nossos ancestrais tenham acreditado num Espírito do Grande Leão que vivia acima das nuvens e os ajudava a encontrar bananas e caçar elefantes. Hoje os adultos acreditam que existe um grande espírito chamado McDonald's que pode abrir lanchonetes, pagar um salário aos empregados e ganhar muito dinheiro.

COMO HISTÓRIAS AJUDAM

Por que essa história estranha do espírito McDonald's foi inventada? Porque é uma história muito útil. Durante muito tempo, só pessoas reais podiam abrir uma lanchonete, pagar um salário aos empregados e ganhar dinheiro. Mas isso significava que, se algo desse errado, o proprietário da lanchonete teria muitos problemas.

Por exemplo, o que acontecia quando uma pessoa pedia um empréstimo para abrir uma lanchonete, mas ninguém ia comer lá e por isso o proprietário não conseguia pagar o empréstimo? Ele tinha que vender sua casa, seus sapatos e até suas meias para pagar a dívida. **Poderia acabar dormindo sem roupa na rua!** Se alguém comesse em sua lanchonete e ficasse muito doente, a culpa seria do proprietário, e ele poderia ser preso. Por isso muita gente tinha medo de abrir lanchonetes ou outros tipos de empresas. Por que correr tanto risco?

Foi por isso que pessoas de grande imaginação inventaram a história das empresas. Quando você quer abrir uma lanchonete sem correr o risco de perder até as meias ou ir para a prisão, abre uma empresa. A empresa se encarrega de tudo e assume todos os riscos.

A empresa pede empréstimo ao banco e, se não pagar, **ninguém pode culpar você nem tomar sua casa ou suas meias**. Afinal de contas, o banco deu o dinheiro para a empresa, não para você. Do mesmo modo, se alguém comer um hambúrguer e tiver uma tremenda dor de barriga, ninguém irá responsabilizar você por isso. Quem fez o hambúrguer não foi você, foi a empresa.

Se você abrir uma empresa, ela poderá ajudar em muitas outras coisas além de lanchonetes. Por exemplo, se o pai de Tina perguntar "Quem deixou essas marcas de barro por todo o chão?", Tina poderá responder "Não fui eu. Foi a empresa Tina S.A.". Isso facilita a vida, certo? Pois é o que os adultos fazem. Quando alguém os culpa por algo grave – como poluir o planeta –, eles dizem "Não fui eu, foi a empresa".

Se está difícil para você entender bem tudo isso, relaxe. A história de empresas como o McDonald's é muito complicada mesmo. A maioria dos adultos também tem dificuldade para contá-la. Só pessoas especiais sabem contar a história direito: os advogados.

Sabe como a empresa McDonald's foi criada? Não foi quando Richard e Maurice McDonald fritaram seu primeiro hambúrguer ou quando cimentaram o primeiro tijolo de sua primeira lanchonete. Não foi quando o primeiro cliente entrou e pagou com uma nota de um dólar. Ela foi criada quando um advogado celebrou uma cerimônia estranha e contou a todos uma história: a história da empresa McDonald's.

Para contar a história do modo correto, primeiro o advogado teve de vestir um traje cerimonial especial — também chamado de terno. Quando alguém vai contar uma história importante, é preciso parecer poderoso. Depois ele abriu uma porção de livros antigos escritos numa língua que só advogados entendem: a linguagem jurídica (ela se parece com o latim e inclusive usa muitas palavras emprestadas dessa língua. Até a palavra "jurídico" vem do latim).

O advogado procurou nesses livros antigos as palavras exatas que precisavam ser ditas para criar o McDonald's, depois as escreveu em um belo pedaço de papel para que não fossem esquecidas. E então pegou o papel e leu a história em voz alta para muitas pessoas.

Claro que ninguém pôde ver, ouvir ou cheirar o McDonald's. Mesmo assim, todos os adultos se convenceram de que o McDonald's existia mesmo, pois ouviram a história que o advogado contou e acreditaram nela.

Assim foi criado o McDonald's. E foi assim que todas as empresas foram criadas — Google, Facebook, Mercedes, Toyota... Elas são histórias em que os adultos acreditam. E como todos creem nessas histórias, muitas pessoas podem cooperar.

O PODER DE UM PEDAÇO DE PAPEL

Hoje mais ou menos 200 mil pessoas trabalham no McDonald's, que fatura em torno de 6 bilhões de dólares por ano. É muito dinheiro! E os empregados fazem de boa vontade o que o McDonald's manda, pois assim a empresa dá a eles parte do dinheiro que ganha.

E o que é o dinheiro que McDonald's, Google e todas as outras empresas dão às pessoas? O que é o dinheiro, tão desejado por todos? Ora, o dinheiro é apenas mais uma história imaginária em que os adultos acreditam. Olhe para algum dinheiro. Talvez uma nota de dólar, de real, de euro. O que ela é? Só um pedaço de papel. Não dá para fazer nada com esse papel. Ele não pode ser comido, bebido, vestido.

Mas com ele vêm alguns grandes contadores de histórias chamados banqueiros e políticos. Esses são ainda mais poderosos que advogados. Os adultos têm muita fé em banqueiros e políticos, e acreditam em quase qualquer história que eles contam. Eles dizem coisas como **"Este pedacinho de papel vale dez bananas"**, e os adultos acreditam. Enquanto todos acreditarem nessa história, o papelzinho realmente valerá dez bananas. Você pode levar o papelzinho a uma loja e dar a um desconhecido, e em troca ele dará a você bananas reais que você pode comer de verdade.

É claro que dá para usar o papelzinho para comprar outras coisas, não só bananas. Você poderia comprar cocos, livros, qualquer coisa — por exemplo, um hambúrguer do McDonald's.

Isso os chimpanzés não sabem fazer. Chimpanzés dão coisas uns aos outros, como bananas ou carne. Às vezes até trocam favores: um chimpanzé coça as costas de outro, e este em retribuição cata

pulgas e espinhos do pelo desse amigo. "Uma mão lava a outra", diz o ditado. Mas, se um chimpanzé desse uma nota de dólar a outro chimpanzé e esperasse ganhar uma banana em troca, o bando todo ficaria sem entender nada. **Chimpanzés não acreditam em dinheiro**, muito menos em empresas.

É assim que as histórias permitem a cooperação entre milhares de desconhecidos. Sem a história do futebol, você não saberia as regras do jogo. Poderia até chutar uma bola na companhia de outras pessoas, mas não seria futebol. Sem a história das empresas e do dinheiro, você não poderia comprar um hambúrguer do McDonald's.

UM FRASQUINHO DE ÓLEO MUITO PODEROSO

Portanto, nosso superpoder de contar histórias nos permite cooperar em grupos muito grandes. Mas não só isso. Ele também nos permite mudar o modo de cooperar e fazer essas mudanças rapidamente. Como já vimos, as formigas também sabem cooperar em grandes grupos, apesar de não inventarem histórias. Mas elas quase nunca mudam seu comportamento. Por milhares de anos, todas as formigas têm feito sempre as mesmas coisas — prestar serviços à rainha, por exemplo. Já **os humanos podem mudar rapidamente o modo como se comportam**: é só mudarem as histórias em que acreditam.

Por exemplo, durante muitos anos a França foi governada por reis porque o povo acreditava que um grande deus lá no céu tinha dito que a França deveria ser governada por um rei e todos os franceses deveriam fazer o que o rei mandasse. É verdade que um deus disse isso? Muito provavelmente não. É apenas uma história inventada. Mas, enquanto os franceses acreditaram nessa história, obedeceram ao rei. E o rei ficava contente com isso.

Mas como saber quem deveria ser o rei? Ora, também para isso havia uma história, e bem esquisita. Essa história estranha dizia que, quando o grande deus lá no céu escolheu um guerreiro corajoso para ser o primeiro rei da França, fez um milagre impressionante para mostrar ao povo sua escolha.

Ele enviou do céu uma pomba que trazia um frasquinho com um óleo muito especial. Ninguém viu isso acontecer, mas um sacerdote mostrou um frasquinho ao povo e disse que era do céu, e **as pessoas meio que acreditaram**. E na hora de coroar o monarca, o sacerdote passou esse óleo do céu na cabeça do novo rei.

Dali em diante, sempre que um rei francês morria e o povo vinha ver a coroação do filho dele como novo rei, passavam na cabeça do novo monarca algumas gotas desse óleo. Sem óleo, sem rei. E o frasquinho era guardado num lugar seguro.

SÓ PARA HOMENS

A história do óleo do céu ajudava a convencer os franceses de que seu rei era enviado pelo grande deus do céu. Por esse motivo, quando o rei ordenava que lhe dessem alimentos, as pessoas obedeciam. O rei ganhava **uma montanha de maçãs, baguetes e queijos fedorentos**, mesmo quando grande parte do povo passava fome. E quando o rei mandou construir um palácio, as pessoas fizeram para ele um palácio enorme, apesar de elas mesmas viverem em cabanas pequenas. E quando ele ordenava que fossem lutar contra outros reis, as pessoas pegavam espadas e escudos para ir à guerra, e muitas delas morriam nas batalhas.

E se alguém não quisesse fazer o que o rei mandava, ouvia: "Mas ele tem o óleo do céu na cabeça! Temos que obedecer!".

Talvez você esteja se perguntando uma coisa. O frasquinho de óleo era pequeno e não continha muito óleo. Depois da coroação de alguns reis, provavelmente não sobrava mais óleo do céu.

Lembremos: sem óleo, sem rei. Como conseguiam mais óleo do céu?

O que você faria se fosse o filho do rei e precisasse que o frasquinho tivesse óleo para você poder ser coroado o novo rei? Tem alguma ideia? Pois é, os reis da França provavelmente pensaram a mesma coisa.

Sempre que o povo vinha assistir à coroação de um novo rei, via que o frasquinho continha uma quantidade suficiente de óleo. Para os franceses, era outro milagre: isso provava que o grande deus do céu realmente gostava do novo rei.

Mas o que aconteceria se um dia a filha do rei dissesse que queria passar o óleo do céu na cabeça para se tornar a governante da França? Todos cairiam na risada.

"Você não pode governar a França", diziam, "porque o grande deus do céu não gosta de mulheres. O grande deus do céu é homem, por isso fez os homens muito mais inteligentes e corajosos do que as mulheres. Mulheres não podem governar a França. **Só homens podem.**"

E como as pessoas acreditavam nessa história, não deixavam que as mulheres governassem. Aliás, não deixavam que as mulheres fizessem muitas coisas: elas não podiam ser capitãs de navio nem juízas, nem mesmo ir à escola.

A história do óleo do céu era muito importante porque ajudava a decidir quem governaria a França e quem daria ordens a milhões de pessoas. Os franceses acreditaram nessa história durante muito tempo, e por mais de mil anos a França foi governada por reis lambuzados de óleo.

Mas por fim algumas pessoas sensatas começaram a pensar sobre a situação. "**Essa história é uma grande bobagem**", disse uma delas. "Por que ainda acreditam nisso? Nenhum grande deus no céu diz que a França deve ser governada por reis ou que homens são melhores do que mulheres. Os reis e seus filhos inventaram essa história só para que as pessoas façam o que eles mandam."

"Tem razão", outra concordou. "E por que acreditam que é preciso passar óleo na cabeça para governar a França? Que ideia ridícula! E alguém acredita mesmo que por milagre aquele frasquinho nunca se esvazia? Até parece! Sempre que precisam coroar um novo rei, provavelmente um criado entra de fininho na sala onde guardam o frasco e põe óleo de cozinha lá dentro sem ninguém ver!"

Os franceses ficaram bravos por terem acreditado durante muitos anos nessas bobagens e permitido que os reis confiscassem seus queijos fedorentos e os mandassem lutar em guerras sangrentas. Então prenderam o rei e cortaram sua cabeça. Encontraram o frasco de óleo e o quebraram em pedacinhos... e nenhum deus desceu do céu para castigar as pessoas. Os historiadores deram o nome de Revolução Francesa para essa época em que **os franceses deixaram de acreditar em reis.**

Hoje a França não tem mais rei. O povo elege quem quiser para ser o presidente da França (e ele não precisa passar óleo na cabeça). Se depois de alguns anos o povo não gostar mais desse presidente, elege outro. E qualquer um, mulher ou homem, pode ser presidente.

É claro que os franceses, como os demais povos ao redor do mundo, ainda creem em muitas outras histórias estranhas. A história das empresas, por exemplo, e histórias sobre coisas complicadas como nacionalismo e democracia — falaremos delas mais tarde. Mas é importante lembrar duas coisas: as pessoas precisam de histórias para cooperar e podem mudar o modo como cooperam mudando as histórias em que acreditam. É por isso que somos muito mais poderosos do que as formigas. Esse é o nosso superpoder.

UMA TURMA DE CONTADORES DE HISTÓRIAS

Então foi assim que nossos ancestrais conquistaram o mundo: com histórias. Nenhum outro animal acredita em histórias. Só acreditam em coisas que eles podem ver, ouvir, cheirar, tocar ou provar. Um chimpanzé acredita que está em perigo quando vê uma cobra — melhor fugir! Acredita que vai cair uma tempestade quando ouve uma trovoada — hora do banho! Acredita que há leões por perto quando sente o cheiro do cocô deles — eca! Acredita que o fogo é quente quando toca em um galho incendiado — ai! E acredita que bananas são gostosas quando come uma — que delícia!

É que claro que nós, sapiens, também somos capazes de todas essas coisas, mas, como acreditamos em histórias, podemos fazer muito mais. Por exemplo, quando nossos ancestrais se espalharam pelo mundo, sempre que encontravam neandertais, anões de Flores ou um animal bastante perigoso, o líder do grupo podia contar histórias para fazê-los tomar coragem. "O Espírito do Grande Leão quer que nos livremos dos neandertais", talvez o líder dissesse. "Os neandertais são fortes, mas não se preocupe. Se por acaso um neandertal matar você, isso na verdade será bom, porque você irá para o reino dos espíritos acima das nuvens e lá vai ser recebido pelo Espírito do Grande Leão, que lhe dará **muitas frutas e filés de elefante para comer.**"

E as pessoas acreditavam na história, por isso cooperavam para se livrar dos neandertais. Sim, os neandertais eram fortes, mas cinquenta neandertais não conseguiam enfrentar quinhentos sapiens trabalhando juntos.

Essa crença em histórias deu tanto poder aos nossos ancestrais que eles se espalharam por todo o planeta e conquistaram todas as regiões, os vales e as ilhas da Terra.

Mas **o que eles fizeram em seguida**, depois de conquistar e colonizar cada novo local? Como era a vida deles milhares de anos atrás? Além de lidar com neandertais, tinham muitas outras ocupações. O que faziam ao acordar pela manhã? O que comiam logo cedo? E no almoço? Quais eram seus passatempos? Eles gostavam de pintar? Que tipo de roupas e casas eles tinham? Irmãos mais velhos caçoavam de irmãs mais novas? Eles se apaixonavam? E a vida deles era melhor ou pior do que a nossa?

No próximo capítulo tentaremos responder a perguntas como essas e muitas outras. Explicaremos como nossos ancestrais viviam milhares de anos atrás e como as coisas que eles faziam ainda influenciam nossos gostos, medos e crenças de hoje.

3

COMO NOSSOS ANCESTRAIS VIVIAM

MEMÓRIAS ALIMENTÍCIAS

Milhares de anos atrás, nossos ancestrais tinham uma vida bem diferente da nossa. Mas o modo como eles viviam inspira o nosso comportamento até hoje. Quando você sente medo de monstros à noite, isso é uma memória dos nossos ancestrais. E quando você acorda de manhã, come e vai brincar com amigos, muitas vezes segue hábitos que os nossos ancestrais criaram em savanas africanas na Idade da Pedra.

Por que será, por exemplo, que tanta gente quer comer coisas que fazem mal à saúde, se entupir de sorvete e bolo de chocolate? **Por que coisas que fazem mal são tão gostosas?**

A resposta é: nosso corpo pensa que ainda vive na Idade da Pedra, e naquele tempo fazia sentido comer muitos alimentos doces e gordurosos. Nossos ancestrais não tinham supermercados nem geladeiras. Quando sentiam fome, precisavam entrar na mata e nos rios em busca de comida. E nunca encontravam **uma árvore de sorvete ou um rio de refrigerante!** Os únicos alimentos doces disponíveis eram frutas maduras e mel. Quando eles achavam frutas doces, o melhor era comer o máximo possível e bem depressa.

Imagine que um bando de coletores da Idade da Pedra saísse em busca de alimento e visse uma figueira cheia de figos maduros e doces. Alguns coletores comiam uns poucos figos e diziam "Para nós já basta. Não queremos engordar". Os outros não conseguiam falar nada porque estavam com a boca cheia de figos. Comiam até quase explodir. No dia seguinte, todos voltavam à figueira, mas não havia mais frutos porque um bando de babuínos tinha devorado tudo. As pessoas que haviam ingerido muitos

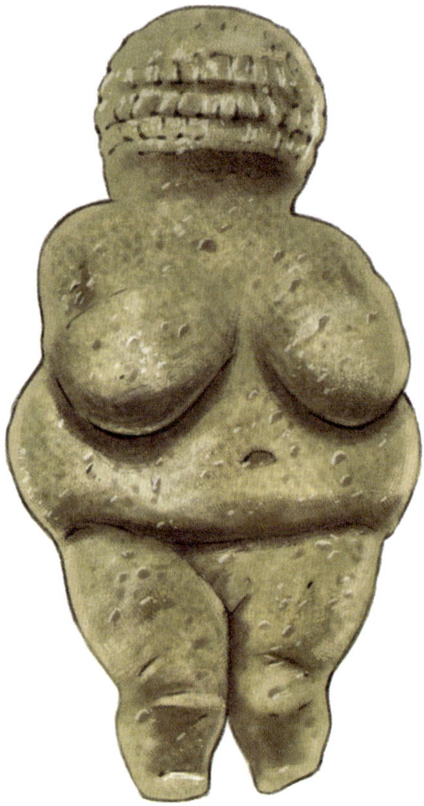

figos ainda estavam um pouco satisfeitas, mas quem tinha comido pouco já estava faminto de novo.

Arqueólogos encontraram muitas estátuas dessa época, e várias delas são de mulheres corpulentas. Os arqueólogos batizaram uma bela estátua de **Vênus de Willendorf** (não é seu nome verdadeiro, é claro. Não sabemos como a chamavam 30 mil anos atrás). Naquele tempo, um corpo gordo era sinal de saúde e sucesso. Sem dúvida a maioria das pessoas na Idade da Pedra não se parecia com a Vênus, assim como hoje a maioria não se parece com as modelos das propagandas. Mas todos sabiam que deviam comer o maior número de coisas doces que encontrassem. Fazia bem! Uma bronca de mãe da Idade da Pedra talvez fosse assim: "Pare já de comer essas folhas de alface molengas e trate de comer doces!".

Herdamos dos nossos ancestrais da Idade da Pedra esse gosto por comer coisas doces. No manual de instruções do DNA em nosso corpo está escrito com destaque: **"Se encontrar algo doce, coma a maior quantidade possível e bem depressa!"**.

Muita coisa mudou desde o tempo da Vênus de Willendorf. Hoje a maioria de nós não precisa atravessar a savana por horas em busca de comida. Agora, quando temos fome, damos dez passos até a cozinha, abrimos a geladeira e olhamos o que tem lá. Mas, quando vemos um bolo de chocolate ali dentro, ainda **reagimos do mesmo modo** que os coletores da Idade da Pedra reagiam ao ver uma figueira.

Nosso corpo lê seu manual de instruções e grita: "Ei, turma, achamos um doce! Eba! Vamos comer o máximo possível e bem depressa! Rápido, senão nossos vizinhos babuínos comem primeiro!". Nosso manual de instruções está desatualizado, mas o corpo não sabe disso. Não sabe que agora vivemos em cidades ou povoados e não na savana selvagem. Não sabe que existem coisas como geladeira e bolo de chocolate. Não sabe que não há mais babuínos na vizinhança.

Comemos o bolo inteiro e no dia seguinte vamos ao supermercado comprar mais bolo. E quando abrimos a porta da geladeira, nosso corpo se acha muito sortudo e começa a gritar de novo: "Eba! Tem um doce aqui! Vamos comer tudo!". O corpo não aprende, por mais que isso se repita. Ele reage todas as vezes como se tivesse acabado de descobrir uma figueira na savana. É muito difícil percebermos que não estamos mais na Idade da Pedra e que algumas coisas que eram boas no tempo dos nossos ancestrais agora são uma péssima ideia.

Por isso é importante descobrir como nossos ancestrais viviam. Se soubermos como foi a vida deles, poderemos explicar muitos dos nossos comportamentos de hoje.

JOVENS ARQUEÓLOGOS

Infelizmente sabemos bem pouco sobre como nossos ancestrais viviam. Sabemos que eles podiam cooperar em grandes números — sua enorme vantagem em relação aos neandertais, leões e ursos. Mas isso significa que eles sempre viviam juntos em grandes grupos? Por exemplo, será que quinhentas pessoas viviam juntas numa grande caverna? Ou cada família vivia em uma caverna pequena separada, e só se juntava às outras quando tinham algo importante para fazer em conjunto?

Eles viviam mesmo em cavernas?

Eles tinham mesmo famílias?

Comecemos pelas cavernas. Muitos imaginam que nossos ancestrais da Idade da Pedra viviam nelas. É porque muitas coisas feitas por eles que existem até hoje estavam em cavernas — ferramentas de pedra, ossos, pinturas. Por exemplo, a famosa imagem de um cavalo selvagem pintada há 17 mil anos na caverna de Lascaux, na França.

A caverna de Lascaux não foi descoberta por arqueólogos profissionais, e sim por quatro adolescentes franceses. Eles andavam pela floresta quando viram um buraco no chão e decidiram investigar. Primeiro, jogaram pedras no buraco, para ver se era fundo — logo perceberam que aquela era a entrada de uma caverna profunda. Eles desceram pelo buraco, passaram por um túnel íngreme de argila úmida e avançaram pela escuridão desconhecida. Muito corajosos! Sua coragem compensou, pois descobriram uma grande câmara com centenas de pinturas antigas nas paredes. Essa foi uma das maiores descobertas arqueológicas do século XX.

Essa não foi a primeira vez que jovens fizeram uma descoberta extraordinária. Sessenta anos antes, o arqueólogo Marcelino Sanz de Sautuola foi explorar a caverna de Altamira, na Espanha, e levou junto sua filha de oito anos, Maria Justina, para lhe fazer companhia. Marcelino vasculhava o chão da caverna, examinando atentamente cada calombo em busca de ossos e ferramentas de pedra antigos. **Maria achou aquilo muito chato, e...** começou a olhar para o alto das paredes, para o teto, até que de repente gritou: "Olhe, papai, touros!". Marcelino então viu lindas pinturas de bisões e outros animais por toda a caverna.

Termos encontrado muitas coisas dos nossos ancestrais em cavernas não quer dizer que o povo antigo costumava viver nelas. Na verdade, eles quase nunca faziam isso. A maioria acampava em terreno aberto, onde construíam cabanas ou tendas com ramos e peles de animais.

LAR, DOCE LAR

Em Ohalo, no litoral israelense do mar da Galileia, arqueólogos encontraram um bom exemplo de acampamento antigo, habitado 23 mil anos atrás. Havia seis cabanas feitas com galhos de árvore e palha, cada uma com sua fogueira do lado de fora. **Construir essas cabanas provavelmente demorou apenas algumas horas**. Os arqueólogos também acharam várias ferramentas de pedra, ossos e até um monte de lixo com sobras de comida. Os restos dessa lixeira nos dizem o que o povo de Ohalo comia: répteis, aves, gazelas, cervos, oito tipos de peixe, muitas variedades de frutas e hortaliças e outras plantas como trigo, cevada e amêndoas selvagens.

Essas cabanas foram habitadas por algum tempo e depois pegaram fogo. Talvez tenha sido um acidente, ou talvez os moradores tenham enjoado de Ohalo e se mudado. Por sorte, pouco depois de partirem, o local foi inundado e coberto por uma grossa camada de lodo argiloso. O lodo endureceu e preservou tudo como estava quando as pessoas se foram. É por isso que, tantos anos depois, sabemos como era o acampamento de Ohalo e o que havia na lixeira!

Provavelmente existiram milhares de acampamentos como Ohalo no mundo todo, e **a maioria das pessoas viveu em povoações assim**. Mas quase todos desapareceram sem deixar vestígios: a madeira usada em sua construção foi destruída pelo vento e pela chuva, o lixo foi comido por formigas e chacais. Grande parte do que restou daquela época são coisas raras, deixadas nas profundezas de cavernas, a salvo de chacais e tempestades.

Então, sim, as pessoas entravam em cavernas às vezes, mas não viviam nelas o tempo todo. Não eram um povo das cavernas.

Imagine que um asteroide caia na Terra num futuro distante e destrua todas as construções: casas, escolas, fábricas, museus. Escapam apenas os túneis de metrô mais profundos. Então a única arte humana que sobra são os grafites, mapas e anúncios nas paredes das estações de metrô. Se ratos superinteligentes dominassem o mundo um dia, o que os ratos cientistas do futuro diriam sobre nós? **Eles nos chamariam de "povo dos túneis"?**

E as famílias? Como se organizavam as famílias no tempo da Vênus de Willendorf ou dos moradores de Ohalo? Cada cabana de Ohalo era a casa de uma só família? E o que significava "família"? Um homem e uma mulher vivendo juntos a vida inteira e criando apenas seus filhos?

A verdade é que não sabemos. Muitos supõem que os humanos sempre tenham vivido em famílias compostas de mãe, pai e os filhos do casal, mas isso não foi comprovado. **Hoje existem no mundo muitos tipos de família** – pense nos seus colegas de escola. Todos vivem com mãe e pai? Provavelmente não.

Hoje alguns vivem sempre com o mesmo companheiro, outros trocam de companheiro, alguns permanecem solteiros. Em certos países, como Arábia Saudita, um homem pode ter várias esposas. Em outros, como os Estados Unidos, duas mulheres podem se casar uma com a outra, e dois homens também.

Algumas pessoas têm só um filho, **outras têm dez**, e há ainda as que preferem não ter nenhum. Existem crianças criadas por mães ou por pais solo, ou então pelos avós. Algumas são adotadas, outras têm dois pais ou duas mães. Alguns pais se separam e depois encontram novos companheiros, e a criança fica com mãe, pai, padrasto e madrasta. Há famílias com dezenas de tias, tios, primos e avós vivendo juntos. Nelas a criança talvez divida um quarto com um primo e não um irmão, e talvez o tio ou a avó preparem o jantar em vez dos pais. **Há muitas configurações possíveis!**

Nossos parentes, os grandes primatas, também se organizam em grupos de vários tipos. Os gibões costumam viver em casais: quando um macho e uma fêmea se unem, tendem a ficar juntos por muitos anos. Ficam só os dois em sua parte da floresta, cuidando da cria.

Para a maioria dos gorilas é bem mais comum que um macho viva com várias fêmeas e todas as crias delas. Cada gorilinha tem uma mãe diferente, mas todos têm o mesmo pai.

Os orangotangos costumam viver sozinhos, na paz e tranquilidade, talvez apreciando o pôr do sol sentados numa árvore. As mães orangotangos quase sempre criam os filhos sozinhas, sem o pai. E quando o filho cresce, vai embora, viver sozinho também. **Eles não ficam tristes por isso — é como gostam de fazer!**

Os chimpanzés fazem o oposto dos orangotangos: vivem em comunidades grandes e barulhentas de machos e fêmeas. E, ao contrário dos gibões, não formam casais permanentes. Os chimpanzés jovens estão sempre perto da mãe, mas em geral nem

sabem quem é o pai. Aliás, nem entenderiam o que significa "pai". Em um tipo de chimpanzé, os chimpanzés comuns, os machos andam juntos, e o mais poderoso domina o grupo todo. Em outro tipo, os chamados bonobos, as fêmeas criam laços de amizade muito fortes, ajudam umas às outras a criar os jovens e mandam nos machos adultos. As garotas bonobos não sonham em se casar com um belo príncipe — costumam preferir a companhia de uma amiga legal!

Os grandes primatas não humanos têm várias configurações de famílias, assim como os humanos hoje. Mas e os humanos da Idade da Pedra, como os de Ohalo? Olhando os vestígios das cabanas de Ohalo, **podemos imaginar diversas possibilidades**.

Talvez cada cabana tivesse uma família com pai, mãe e seus filhos. Talvez cada família construísse sua cabana, fizesse sua comida e dormisse junta à noite. Os vizinhos podiam aparecer para visitar, mas no fim do dia cada um ia para o seu canto. Se duas pessoas se apaixonassem e decidissem viver juntas, talvez fizessem uma grande cerimônia de casamento para que todo mundo ficasse sabendo e então construíssem uma nova cabana só para os dois. Talvez fosse assim.

Ou talvez fosse um pouco diferente. Um homem, uma mulher e três crianças viviam em uma cabana, por exemplo. E na cabana ao lado moravam uma mulher e seus dois filhos, mais o namorado atual dela com seus dois filhos. Na cabana número 3, uma mulher e seu filho. Na número 4, uma mulher, seus três filhos e sua atual namorada. Na número 5, três velhos morando juntos sem filhos. E na número 6, um homem vivendo sozinho.

Ou quem sabe fosse totalmente diferente. Talvez não existisse separação clara em pequenas famílias, e as pessoas vivessem em uma "comuna". Quando a comuna chegava a um novo lugar e

montava um novo acampamento, todos trabalhavam juntos, construíam várias cabanas e tendas, e então **cada um dormia e comia onde quisesse**. Talvez na primeira noite um morador dormisse em uma cabana, mas, porque alguém ali roncava muito alto, ele se mudasse para outra na noite seguinte.

Quando uma pessoa gostava muito de outra na comuna, as duas juntavam suas camas na mesma cabana e pronto. Não era preciso convidar parentes chatos para uma grande festa de casamento, nem ter o trabalho de construir uma cabana nova e acumular uma porção de coisas. E quando uma pessoa deixava de gostar de alguém, não tinha de contratar advogados caros para se divorciar e dividir a cabana e o resto das coisas depois de assinar uma pilha de documentos importantes. Era só pegar sua cama e se mudar. Aliás, talvez nem existisse cama para levar, porque as pessoas dormiam no chão.

Se existia mesmo uma comuna assim, **quem cuidava das crianças?** Obviamente uma criança sabia quem era sua mãe: a mulher que a tivesse parido e cuidado por anos. Mas não está claro se as crianças da Idade da Pedra sabiam quem era seu pai. Talvez todos os homens ajudassem a criar todas as crianças trazendo comida, afastando os leões e ensinando a subir em árvores e fazer facas de pedra. Talvez as crianças pudessem ter laços fortes com vários adultos da comuna e nenhuma sentisse necessidade de definir quem era pai, tio e vizinho sem parentesco. Essa forma de viver em grupo é parecida com a dos nossos parentes chimpanzés: eles costumam viver em uma espécie de comuna.

Talvez fosse desse jeito, talvez não. É fácil imaginar várias possibilidades, mas cientistas precisam distinguir imaginação de fatos. Não podemos dizer que algo aconteceu só porque imaginamos: precisamos de evidências. Evidências são coisas que não precisamos imaginar porque podem ser **vistas, tocadas e provadas**. Como o osso da menina da caverna Denisova. Você pode ver aquele osso, tocá-lo e até, se fizer questão, dar uma lambida nele para provar... deve ter gosto de osso velho!

SELFIES PRÉ-HISTÓRICAS

Então, que evidências temos sobre as famílias da Idade da Pedra?

Pense na sua família e imagine ratos cientistas, daqui a milhares de anos, tentando entender como você viveu. Como eles poderiam descobrir de que jeito era a sua família?

Os ratos cientistas poderiam ver álbuns de fotos e saber quem eram seus parentes, onde vocês viviam, onde passavam férias. E se encontrássemos fotografias de famílias da Idade da Pedra, não seria útil? Infelizmente naquele tempo **não existiam câmeras e álbuns de fotos**. Mas temos pinturas em cavernas daquele período – como as pinturas de Lascaux e de Altamira –, só que a maioria delas mostra animais. Não há pinturas de famílias humanas. E isso é bem interessante, certo? Se você visse o álbum de fotos de uma pessoa e ali só encontrasse fotos de cavalos, leões e elefantes, sem nenhuma foto de família, o que isso poderia significar?

Talvez as pinturas da Idade da Pedra nos digam que naquele tempo famílias não eram importantes.

Ou talvez as pessoas da Idade da Pedra pintassem animais em paredes de pedra de cavernas distantes, mas pintassem sua família em pedaços de madeira que fossem fáceis de carregar e pendurar na entrada da cabana. Eram imagens muito importantes, por isso eles as queriam sempre por perto. Mas, se foi assim, os pedaços de madeira já desapareceram há muito tempo, e só restaram as pinturas de animais em cavernas.

Talvez as pessoas da Idade da Pedra pensassem que podiam controlar as coisas se as pintassem. Então todos queriam pintar os animais que caçavam para ter controle sobre eles, mas ninguém queria ter seu próprio retrato pintado.

Não sabemos, e pode ser que existam outras explicações. Você sugere alguma?

O mais próximo que temos de uma foto de família da Idade da Pedra são marcas de mãos deixadas em rochas e paredes de caverna. Como fizeram essas pinturas de mãos em rochas se não tinham latas de spray? Uma pista importante é que a maioria dessas impressões é de mão esquerda, e não direita. Você sabe por quê?

Para a maioria das pessoas é mais fácil usar a mão direita ao trabalhar com uma ferramenta. Parece que essas impressões foram feitas com tubos de borrifar complicados. Provavelmente foi assim:

1. Esmagaram pedras coloridas e misturaram o pó com água para fazer tinta líquida.
2. Despejaram a tinta em um tubo oco feito de talo de planta, madeira ou osso.
3. Puseram a mão esquerda na parede enquanto seguravam o tubo com a mão direita.
4. Viraram uma ponta do tubo para a mão esquerda e sopraram na outra ponta.
5. A tinta foi borrifada por cima da mão esquerda. Pshhhhht!

Quando tiravam a mão, a marca ficava na parede. Provavelmente seria mais fácil se outra pessoa borrifasse a tinta, mas parece que cada um preferiu fazer sozinho a marca de sua mão. Essas foram as primeiras selfies da história!

Em algumas rochas os arqueólogos acharam só uma impressão de mão. Em outros lugares, havia conjuntos de muitas impressões. Cada uma foi feita por uma pessoa diferente, mas provavelmente todas eram de um mesmo grupo. Talvez esse fosse o modo de fazer uma selfie em grupo na Idade da Pedra — todo mundo ia junto até a rocha durante alguma festividade especial e deixava lá a marca de sua mão. Seria legal se você fizesse uma selfie da Idade da Pedra como essa na sua próxima festa de aniversário — e talvez um rato cientista a encontre no futuro!

O problema é que não sabemos se as pessoas do passado que fizeram essas selfies nas rochas eram parentes ou não. Seriam irmãos e irmãs? Primos, talvez? Ou só amigos que foram comemorar o aniversário de alguém?

PEGADAS NA AREIA

Que outras evidências nos ajudariam a entender as famílias antigas? Os ratos cientistas que tentassem entender a sua família também poderiam examinar seus carros ou bicicletas. Se os seus vizinhos têm um conversível de dois lugares enquanto a sua família tem quatro bicicletas, mas nenhum carro, algum rato genial do futuro talvez conclua que você viveu numa família de quatro pessoas e que a do seu vizinho tem só duas. Mas na Idade da Pedra não existiam carros nem bicicletas. Todo mundo só andava a pé.

Temos algumas pegadas da Idade da Pedra. Como é possível? Quando deixamos uma pegada na areia da praia, ela costuma desaparecer em minutos! Mas em um lugar chamado Le Rozel, na costa atlântica da França, arqueólogos acharam nada menos do que 257 pegadas deixadas por um grupo de pessoas que andou por uma duna de areia 80 mil anos atrás. Por sorte, a areia endureceu depressa e se transformou em pedra, e é por isso que hoje ainda podemos ver suas pegadas.

As pessoas que deixaram essas pegadas não eram sapiens, e sim neandertais. Os arqueólogos examinaram bem cada pegada e concluíram que eram de um grupo de mais ou menos doze neandertais, a maioria crianças e adolescentes. **Um ainda era quase bebê.** Isso nos dá uma pista importante sobre famílias neandertais — ou pelo menos sobre esse grupo de neandertais. Eles não viviam sozinhos como os orangotangos nem em pequenas unidades familiares como os gibões. Mas não dá para dizer muito mais sobre essa dúzia de neandertais que andaram na areia da praia há 80 mil anos. Será que tinham todos o mesmo pai? Viviam juntos? Ou talvez fossem apenas amigos que se encontravam uma vez por ano para celebrar o Ano-Novo na praia? Não temos como saber.

Precisamos de mais evidências ainda. Os ratos cientistas imaginários que no futuro estudarão seus laços de parentesco poderiam examinar todos os pertences da família, e isso lhes diria muitas coisas sobre como vocês vivem. Quantas cadeiras há na casa, quantas camas, quantos computadores? Mas **as pessoas da Idade da Pedra não possuíam muitos objetos.** Essa é uma das coisas que sabemos sem dúvida sobre nossos ancestrais: fosse qual fosse o seu tipo de família, eles conseguiam viver quase sem objetos.

Hoje uma família comum acumula milhões de objetos com o passar dos anos. Pense nas coisas que vocês têm: não só as grandes, como cadeiras e computadores, mas também todos os sacos plásticos, embalagens, o papel higiênico diário. Para comer vocês usam talheres, pratos, copos. Brincam com bolas, cartas, consoles de videogame. Não notamos quanta coisa temos... até mudarmos de casa. Só então percebemos que precisamos de muitas caixas para levar tudo. Às vezes até temos de contratar um caminhão enorme e trabalhadores fortes para ajudar a transportar nossos pertences.

Nossos ancestrais da Idade da Pedra estavam sempre de mudança. Era difícil ficarem no mesmo lugar por muito tempo. E tinham de levar tudo nas costas. Não havia caminhões, carroças, cavalos. Por isso, eles não acumulavam muita coisa. Em vez de usar um monte de pratos, copos, garfos e colheres, eles comiam com as mãos, e se precisassem cortar alguma coisa era só usar uma pedra como faca.

Mas, além de facas de pedra, as pessoas tinham outros objetos. Roupas feitas de pele, couro de animais, ou até de penas. Lanças e porretes de madeira. Às vezes tinham cabanas feitas de galhos de árvore e palha. Mas infelizmente quase tudo isso apodreceu e desapareceu há muito tempo. As únicas coisas que não apodreceram foram ossos, dentes e — principalmente — pedras. Pedras não apodrecem. Podem sobreviver por milhares de anos.

UM MUNDO DE PEDRA?

Quase todas as evidências que temos da Idade da Pedra são pedras... e não à toa a chamamos assim. Mas esse **é um nome enganoso**: faz parecer que tudo naquele tempo era feito de pedra! É claro que esses nossos ancestrais não tinham camas, chapéus e sapatos de pedra. Mas, como a maioria dos objetos feitos de outros materiais apodreceu faz muito tempo, restou apenas o que foi feito de pedra. Por isso é tão difícil saber como viviam os nossos antepassados desse período.

Felizmente existe outro modo para descobrirmos como nossos ancestrais viviam: não estudando pedras antigas, e sim observando pessoas vivas. Em alguns lugares do mundo, **pessoas ainda vivem mais ou menos como nossos ancestrais** — se as visitarmos, aprenderemos muito.

As pessoas em geral se dividem em três grupos, que conseguem seu alimento de maneiras distintas: quem cultiva, quem compra e quem caça e coleta. As pessoas

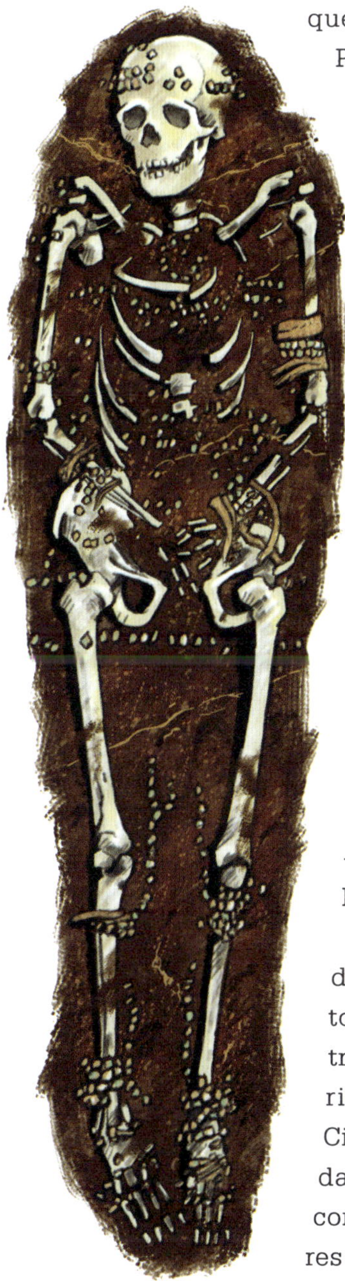

que cultivam o que comem são agricultoras. Plantam trigo para fazer pão, por exemplo, ou plantam macieiras e comem maçãs. Talvez criem galinhas e comam ovos ou as próprias galinhas.

Hoje a maioria pertence ao segundo grupo: não cultivam, e sim compram seu alimento. Se temos fome, vamos ao mercado comprar pão, maçãs, ovos. Ou pegamos o celular e pedimos uma pizza.

Nossos ancestrais da Idade da Pedra eram do terceiro grupo: não cultivavam alimentos — caçavam e coletavam no mato o que comiam. É assim que os animais fazem. **Girafas não plantam árvores**, leões não compram filé de girafa no supermercado. As girafas comem folhas de árvores da savana, os leões caçam girafas. Do mesmo modo, nossos ancestrais coletavam plantas silvestres e caçavam animais. Por isso costumam ser chamados de "caçadores-coletores", ou só "coletores", para abreviar. Porque pegavam seu alimento na floresta.

Ainda existem no mundo alguns grupos de pessoas que caçam e coletam seu alimento. Elas não moram em casas e cidades, não trabalham em fábricas ou escritórios. A maioria vive em selvas e desertos longínquos. Cientistas podem visitar esses povos e, estudando seu estilo de vida, tentam descobrir como nossos ancestrais viviam muitos milhares de anos atrás.

É claro que ser coletor hoje não é como na Idade da Pedra. Até os coletores que vivem nos desertos e selvas mais distantes são parte do mundo moderno e não da Idade da Pedra. Se você vir uma criança coletora abrir os braços e correr em círculos imitando o barulho de motor de avião, não significa que as pessoas da Idade da Pedra tinham aviões. Só quer dizer que os coletores modernos com certeza já viram aviões voando no céu. Mesmo assim, observar os coletores modernos nos dá mais algumas pistas sobre como era a vida na Idade da Pedra.

O QUE ACONTECE DEPOIS QUE VOCÊ MORRE?

Usando as evidências arqueológicas e observando os coletores modernos, o que podemos dizer sobre como as pessoas viviam na Idade da Pedra?

O mais importante é saber que **não existia só um modo de vida**, mas muitos. Nem todos faziam as mesmas coisas. Havia no mundo milhares de tribos, cada uma com língua diferente, cultura diferente, diferentes tipos de família e de modo de vida.

Uma razão para tantas diferenças é que as pessoas viveram em vários tipos de lugares e precisaram se adaptar a muitos tipos de geografias e climas. Quem vivia perto de um rio comia muito peixe e aprendia a construir barcos, e quem vivia no alto das montanhas nem sabia nadar. Quem vivia em florestas tropicais andava quase nu, e quem vivia em regiões árticas usava pesados casacos de pele.

Mas até tribos vizinhas tinham modos de vida diferentes, pois contavam diferentes histórias sobre o mundo. Lembra que contar histórias era a grande vantagem dos sapiens sobre os outros animais? Enquanto todas as abelhas e colmeias se comportam mais

ou menos do mesmo modo, **cada tribo humana era diferente** porque cada uma acreditava em histórias diferentes.

Por exemplo, talvez uma tribo acreditasse que, quando alguém morre, volta como um novo bebê ou talvez até como um animal. Pode ser que outra tribo pensasse que, depois de morrer, a pessoa virava um fantasma. Uma terceira tribo, por sua vez, talvez achasse ridículas essas duas teorias — que bobagem, quando a gente morre, deixa de existir e pronto, eles pensavam.

Talvez em uma tribo todos vivessem juntos num grupo grande, mas na tribo vizinha as pessoas morassem só com sua família direta. Em uma tribo podia ser aceitável um homem se casar com outro, mas não alguém se casar com várias pessoas. Em outra tribo, um homem talvez pudesse se casar com duas ou até dez mulheres, mas não com outro homem. E talvez em uma terceira tribo as pessoas nem soubessem o que é casamento: quando alguém gostava de outra pessoa, ia viver com ela, simples assim.

Também devia haver diferenças em coisas como a arte e o modo como as pessoas agiam umas com as outras. Uma tribo talvez fizesse belas pinturas em cavernas, enquanto outra não pintava nada, mas **passava horas cantando e dançando**. Talvez uma tribo fosse violenta, com muitas brigas entre as pessoas, enquanto em outra, mais pacífica, todo mundo fosse amigo.

As atitudes com os neandertais e outros tipos de humanos também podem ter variado. Talvez as crianças de uma tribo fossem ensinadas a ter medo de neandertais ou a odiá-los e ouvissem frases como: "Se encontrar uma criança neandertal na floresta, fuja!". Talvez outra tribo tivesse relações melhores com os neandertais vizinhos e quem quisesse podia brincar com crianças neandertais. E pode até ser que em outra tribo ninguém visse problema em casamentos entre sapiens e neandertais.

Mesmo que cada tribo coletora tivesse seu próprio modo de ver o mundo e de levar a vida, algumas coisas eram iguais para as pessoas dos mais diferentes locais. Em especial, por toda parte as pessoas sabiam cooperar em grandes números.

Um acampamento pequeno como Ohalo deve ter sido habitado por um só bando humano de vinte a quarenta pessoas. Mas esse bando provavelmente fazia parte de uma tribo maior composta de vários bandos. **Talvez a tribo inteira tivesse centenas de pessoas**. Todos da tribo falavam a mesma língua, acreditavam nas mesmas histórias e seguiam as mesmas regras. Uma tribo assim era bem diferente de um país moderno: não tinha governo, Exército, polícia. Mas pertencer a uma tribo grande trazia muitas vantagens.

250 DENTES DE RAPOSA

Imagine que um bando das montanhas tivesse pedras boas para fazer facas afiadas. Poderia dar algumas ao bando de Ohalo, que mora à beira do lago. Em troca, os de Ohalo dariam a eles conchas e peixes. Se uma mulher do bando de Ohalo inventasse um novo modo de fazer redes de pescar, poderia mostrar a outros bandos do lago como se faz. Se os peixes do lago adoecessem e morressem em um ano, todos os bandos do lago poderiam ir viver com os montanheses por algum tempo. E se, em outro ano, uma seca acabasse com todas as nascentes da montanha, os bandos de montanheses poderiam ir morar com seus parentes do lago. Assim, pertencer a uma tribo permitia que as pessoas tivessem facas mais afiadas, melhores redes de pesca e mais alimento em tempos difíceis.

Mas como sabemos que existiram tribos? Temos evidências de que centenas de pessoas espalhadas por uma grande área cooperavam umas com as outras? Sim! Eis um exemplo de evidência: arqueólogos que estudaram acampamentos da Idade da Pedra a centenas de quilômetros do mar muitas vezes encontraram conchas. **Como as conchas chegaram lá?** É bem provável que bandos do interior as recebessem de outros bandos que moravam perto do mar.

Outra evidência importante foi achada em um lugar chamado Sunghir, na Rússia, onde arqueólogos descobriram um cemitério construído 34 mil anos atrás. Alguns túmulos continham só um esqueleto humano... mas em um deles estava o esqueleto de um homem de quarenta anos coberto por 3 mil contas de marfim de mamute. (Os mamutes eram elefantes enormes e peludos que viviam no norte da Ásia, Europa e América na Idade da Pedra.) O homem tinha **25 braceletes de marfim nos pulsos** e um chapéu decorado com dentes de raposa. O chapéu provavelmente era feito de couro ou pele e não sobreviveu, mas os dentes de raposa continuaram lá.

Depois os arqueólogos encontraram um túmulo ainda mais interessante com belas obras de arte e esqueletos de dois meninos enterrados com as cabeças justapostas. Um tinha nove anos, o outro doze. Os dois usavam muitos braceletes de marfim. O mais novo estava coberto com mais ou menos 5400 contas de marfim, e o outro com umas 5 mil. Ele também tinha um chapéu com dentes de raposa e um cinto decorado com 250 dentes desse animal. Acho que **dentes de raposa estavam na moda** em Sunghir na Idade da Pedra!

Como explicar isso? Por que havia tantos objetos valiosos em alguns túmulos e outros tinham só um esqueleto? A explicação mais fácil é que o homem de quarenta anos era um importante líder de tribo, e os meninos talvez fossem seus filhos ou netos, por isso também tiveram um enterro especial. Os cientistas acreditaram nessa hipótese por muito tempo. Mas quando finalmente conseguiram ler o manual de instruções do DNA desses três esqueletos, descobriram que os meninos não eram irmãos nem sequer primos, e o homem não era pai nem avô deles.

Então **talvez a explicação seja outra**. Talvez a tribo acreditasse em uma história estranha e tenha sacrificado um homem e duas crianças para agradar algum grande espírito acima das nuvens. Talvez pensassem que sacrificar três pessoas faria o espírito mandar mamutes para eles caçarem. Não sabemos. Mas uma coisa está clara: centenas de pessoas tiveram de trabalhar juntas para conseguir todos os objetos valiosos encontrados nos túmulos dos três esqueletos.

Examinemos melhor o cinto do menino mais velho. Nele havia 250 dentes de raposa, mas não eram dentes quaisquer! Eram caninos longos e afiados. **Raposas só têm quatro dentes caninos** — ou menos, se perderem algum. Faça as contas: quantas raposas são necessárias para fazer esse cinto? Muitas, certo? Para conseguir 250 caninos, eles teriam de caçar no mínimo 63 raposas. É um trabalhão. Raposas são muito espertas, e caçar uma só delas poderia levar um dia inteiro ou mais. Assim, levaria mais de dois meses para conseguir todos esses dentes.

E as contas de marfim de mamute? Para fazê-las era preciso primeiro caçar um mamute, e isso é ainda mais difícil do que caçar uma raposa. Um mamute podia ter até quatro metros de altura e pesar até doze toneladas — mais ou menos o peso de um ônibus. Então não dava para alguém caçar um mamute sozinho. Era necessário reunir um grupo inteiro de caçadores.

Então, depois de caçar o mamute, suas presas tinham de ser esculpidas para fazer as contas de marfim. Um artista habilidoso levaria uns 45 minutos para produzir uma conta. Agora pense: o menino de nove anos tinha mais ou menos 5400 contas; o mais velho, 5 mil; e o homem, 3 mil. Seriam necessárias **10 mil horas de trabalho pesado** para fazer tantas contas. Trabalhando seis horas por dia sem descansar nenhum dia, fazer todas essas contas levaria quatro anos e meio.

Parece bem improvável que só dez ou vinte pessoas tenham feito sozinhas todos os objetos dos túmulos de Sunghir. Centenas devem ter trabalhado juntas. Os túmulos de Sunghir estão entre as nossas melhores evidências de que 30 mil anos atrás pelo menos algumas pessoas pertenciam a tribos grandes.

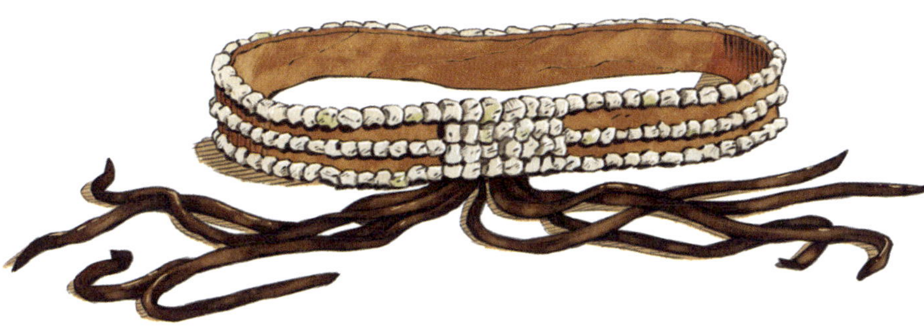

VIVENDO EM BANDO

Assim, parece que as pessoas pertenciam a tribos grandes, mas sabemos que não viviam com a tribo inteira o tempo todo. Era difícil achar comida para um grupo tão numeroso, por isso elas se dividiam em bandos menores e procuravam alimento em lugares diferentes. Isso quer dizer que cada tribo continha vários bandos menores; um bando podia ter cem pessoas, por exemplo, outro só dez.

Cada pessoa provavelmente vivia em seu pequeno bando boa parte do tempo, andando por vários lugares em busca de comida. **Os bandos de uma tribo se reuniam** só em ocasiões especiais: por exemplo, caso alguém importante morresse, talvez todos fossem ao enterro. Talvez também unissem forças para caçar animais grandes, lutar com inimigos fortes ou organizar um grande festival. Mas a maioria das pessoas passava muitos meses sem ver outro humano de fora do seu pequeno bando.

Cada pessoa conhecia muito bem as outras do bando. Estava sempre rodeada de parentes e amigos e fazia quase tudo com eles. Iam juntos à floresta procurar comida, cozinhavam e comiam juntos, e juntos contavam histórias ao pé do fogo. **Alguns podem achar isso maravilhoso**. Outros talvez não gostem da ideia de nunca estarem sozinhos e verem sempre as mesmas pessoas. Mas quando uma pessoa se cansava das outras de seu bando, geralmente podia entrar em outro. É assim nas tribos de coletores hoje. E se alguém fi-

casse muito amigo de alguém de outro bando durante um festival da tribo, podia ir viver no bando dele.

O bando não tinha um líder poderoso que mandava em todo mundo. Quando era preciso tomar decisões – que direção seguir, onde montar acampamento, por exemplo – todos podiam dar sugestões. **Se algum valentão começasse a perseguir pessoas** e exigir que fizessem muitos chapéus com dentes de raposa para ele, todo mundo podia ir embora e deixar o mandão falando sozinho. Hoje é difícil deixar um país governado por um ditador. Mas na Idade da Pedra as pessoas geralmente podiam dar no pé.

OS GRANDES COLETORES

O que mais a arqueologia e a observação dos caçadores-coletores dos dias atuais podem nos ensinar sobre a vida na Idade da Pedra? Hoje os caçadores-coletores não ficam sempre no mesmo lugar, e os bandos da Idade da Pedra provavelmente também sempre se mudavam em busca de alimento. Quando havia peixes no rio, iam para lá pescar. Na época dos figos, iam para a floresta procurá-los. Eles em geral andavam pelas várias partes de um mesmo território, que era o lar deles. **"Lar" não era uma construção de pedra** nem uma aldeia, e sim uma grande área com montanhas, florestas e rios.

Quanto tempo você leva para ir de uma ponta a outra da sua casa? A maioria leva menos de um minuto. Se você vive em um palácio enorme, ainda assim não levará mais do que cinco minutos. Mas nossos ancestrais da Idade da Pedra talvez precisassem de uma semana para ir de uma ponta a outra de seu lar.

Às vezes havia tanto alimento em certo lugar que um ou mais bandos podiam ficar por lá vários meses ou até o ano todo. Isso era mais comum perto de lagos e rios cheios de peixes e ostras e com muitas aves em volta. Daria até para construir uma povoação permanente ali.

Outras vezes não havia comida para todos do bando, e ele se dividia. Algumas pessoas permaneciam no velho lar e outras partiam, andavam muito até encontrar um novo lar. E até havia casos em que o bando todo abandonava seu território. Isso podia acontecer por causa de algum desastre natural. Talvez por uma seca demorada que esvaziasse os rios, matasse as árvores e acabasse com todo o alimento. O bando precisava viajar para longe em busca de comida. **Foi assim que nossos ancestrais se espalharam aos poucos pelo mundo todo.**

A vida de coletor era muito interessante, e a cada dia as pessoas faziam coisas diferentes. Coletavam muitos tipos de plantas, capturavam vermes e insetos saborosos e também pegavam pedras, madeira e bambu para fazer ferramentas e cabanas. Às vezes caçavam grandes animais, como mamutes e bisões. Era uma tarefa difícil e perigosa, que dependia da colaboração de muitas pessoas, por isso era deixada para ocasiões especiais. Mas até algumas crianças que vasculhassem a floresta por uma hora conseguiam encontrar cenouras ou cebolas silvestres. Podiam subir numa árvore e roubar ovos de passarinho ou cortar bambu para fazer uma vara de pescar.

Nossos ancestrais mais coletavam do que caçavam. E não coletavam só alimentos, pedras e madeira — também coletavam conhecimentos. Eles não iam à escola ou liam livros, mas **estavam sempre aprendendo**. Não conseguiam sobreviver sem aprender sobre muitas coisas.

Antes de tudo, precisavam conhecer seu território. Se não soubessem onde havia água, passariam sede. Sem saber onde havia comida, passariam fome. Sem saber como andar por uma floresta escura, poderiam cair e quebrar uma perna. Os coletores andavam muitas vezes pelas mesmas florestas e morros, até por fim conhecerem bem cada nascente, cada árvore e cada rocha — **essas coisas passavam a ser como velhos amigos**. Você não encontra o banheiro, a geladeira e a gaveta dos talheres até no meio da noite? Pois os coletores conseguiam achar a nascente fresca, a nogueira grande e o morro com as pedras afiadas mesmo no escuro.

Eles também conheciam a fundo as plantas e animais da sua área. Sabiam onde cogumelos gostavam de crescer e conseguiam distinguir um cogumelo gostoso e nutritivo, um cogumelo venenoso e

mortal e um cogumelo medicinal capaz de curar uma doença. Eles sabiam em que estação as aves botavam ovos e onde cada tipo de ave gostava de fazer ninho. Sabiam por onde os ursos andavam e o que fazer se um urso enorme corresse atrás deles.

Os coletores também sabiam fazer objetos. Quando precisamos de uma faca, um par de sapatos ou um remédio, vamos à loja comprar. Geralmente não temos ideia de quem fabricou o objeto, nem como. Talvez ele tenha vindo do outro lado do mundo. Na Idade da Pedra, todos precisavam fazer suas próprias coisas. Quem quisesse uma faca, primeiro tinha de saber onde encontrar boas pedras de sílex. Ia até o local e procurava no meio de muitas pedras. Examinava bem cada uma, via sua forma, sentia seu peso e sua textura. Mas essa era a parte fácil. Depois de achar uma boa pedra, começava o trabalho especializado.

Era preciso martelar bastante a pedra escolhida com outra rocha ou um pedaço de madeira para remover lascas e afiar a borda — e com cuidado para não quebrá-la. **Quando pessoas do nosso tempo tentam fazer isso**, costumam quebrar dezenas de pedras e talvez até alguns dedos antes de conseguir, e levam horas ou até dias para produzir uma faca. Os coletores sabiam transformar uma pedra de sílex numa faca afiada em minutos. Mas praticavam desde pequenos.

Arqueólogos estudaram restos de fogueiras de acampamentos antigos e fizeram descobertas interessantes. Perto do local da fogueira eles encontraram muitas lascas de pedra e só algumas pedras quebradas. Já em partes mais distantes da fogueira havia muitas lascas de pedra e muitas pedras quebradas. Por que será?

Parece que os adultos sentavam perto da fogueira – já tinham habilidade para fazer facas e dificilmente erravam e quebravam uma pedra. As crianças sentavam mais longe e, como ainda estavam aprendendo o ofício, quebravam muitas pedras até acertar.

Assim, os coletores aprendiam sobre os animais, as plantas e as pedras da sua área. Mas também aprendiam muito sobre seu próprio corpo e como usá-lo. **Eles ouviam, enxergavam e se moviam bem melhor do que nós**. Quando andavam pela floresta, escutavam o menor ruído no mato – seria uma cobra deslizando? Tsssss.

Eles olhavam com atenção as árvores à sua volta e enxergavam frutas, colmeias e ninhos de ave escondidos nas folhas. Pelo cheiro do ar, podiam perceber se um tigre se aproximava ou se um cervo fugia. Quando um coletor punha uma fruta na boca, prestava atenção no sabor – um gosto de sabão anunciava a diferença entre uma fruta venenosa e outra que podia ser comida sem medo. Quando eles queriam fazer um arco, passavam os dedos por muitas árvores e galhos, sentindo a textura e o peso – **todo galho falava com eles na linguagem do tato**. Liso ou áspero? Macio ou duro? Assim eles sabiam qual galho poderia se quebrar com facilidade e qual daria um bom arco.

Quando andavam, faziam pouco barulho, para não atrair predadores. Eram velozes ao correr até em terrenos muito difíceis, pulavam pedras e troncos caídos, evitavam árvores e espinheiros. Conseguiam ficar sentados na mesma posição por muito tempo sem mover um dedo, sem coçar o nariz, só olhando e escutando com atenção.

Em outras palavras, **os coletores sabiam muita coisa!** Muitos de nós acham que hoje as pessoas sabem mais que as do passado distante. É claro que a sociedade como um todo sabe mais — sabemos construir carros, computadores, foguetes —, mas cada pessoa sozinha sabe menos. *Você* sabe fazer um carro? Um computador? Um foguete? Até nas fábricas onde as coisas são feitas, cada pessoa geralmente sabe fazer só uma coisinha. Uma sabe operar a máquina que produz pneus, mas não sabe fazer o motor, o volante, os faróis.

É assim em todas as profissões. O que você precisa saber para pilotar um avião ou para escrever um livro de história como este? Tem de saber muito sobre uma coisa só, mas para tudo o mais você depende da ajuda de outros... e cada uma dessas outras pessoas também sabe muito sobre uma coisa só. Quem escreve livros de história sabe bastante sobre história — por isso é chamado de historiador. Mas não sabe produzir seu alimento, fazer suas roupas, construir sua casa. Só escreve livros, e ganha dinheiro porque pessoas compram esses livros. E então o historiador dá parte do seu dinheiro para outras pessoas quando compra comida, roupas, um lugar para morar. Se você largar um historiador sozinho na selva, ele provavelmente morrerá de fome ou será comido por um tigre, pois não sabe fazer nada além de escrever livros de história, o que não serve para nada na selva.

BONS TEMPOS

Na Idade da Pedra, coletores que soubessem bastante sobre o mundo à sua volta costumavam ter uma vida boa. Até trabalhavam bem menos do que muitas pessoas hoje.

Pense em um dia comum de uma operária de fábrica da nossa época: ela sai de casa lá pelas sete da manhã, pega um ônibus lotado que passa por ruas cheias de poluição até chegar a uma fábrica barulhenta. Opera uma máquina por dez horas, fazendo a mesma coisa o tempo todo, depois pega o ônibus de volta e chega em casa às sete da noite. Aí provavelmente tem de fazer o jantar para a família, lavar a louça e a roupa, limpar o chão e pagar as contas.

Vinte mil anos atrás, uma coletora talvez saísse do acampamento com amigos às oito da manhã. Nas florestas e campinas próximas, eles coletavam frutas em arbustos e árvores, escavavam raízes no solo, pescavam alguns peixes e às vezes fugiam de tigres. Mais ou menos ao meio-dia, já estavam de volta ao acampamento para fazer o almoço. **O dia de trabalho era só isso**. Um bom coletor geralmente levava três ou quatro horas para encontrar alimento para si mesmo e sua família. E depois que comiam não tinham louça nem roupa para lavar, chão para limpar, contas para pagar. Sobrava muito tempo para bater papo, contar histórias, brincar com

os filhos e ficar com os amigos. É claro que alguns eram comidos por tigres ou picados por cobras, mas em compensação eles não tinham acidentes de carro nem poluição industrial.

Os coletores costumavam ter uma alimentação melhor e mais variada do que muitos operários atuais, além de sofrerem menos fome e doenças. Arqueólogos que examinaram esqueletos de coletores concluíram que eles eram **fortes e sadios porque comiam vários tipos de alimentos**. Um dia, por exemplo, eram frutinhas silvestres e cogumelos de manhã, depois outras frutas, caracóis e tartaruga no almoço e coelho assado com cebola no jantar. No dia seguinte talvez fosse peixe de manhã, nozes e ovos no almoço e todos os figos de uma figueira no jantar. Comendo tantas variedades de alimentos, eles em geral conseguiam todas as vitaminas e minerais necessários. Se as nozes não forneciam alguma vitamina importante, com certeza ela existia nos cogumelos ou nos caracóis.

Além disso, como não dependiam só de um tipo de comida, era mais difícil os coletores morrerem de fome. Quando os humanos passaram a viver da agricultura, em geral cultivavam só um tipo de planta. Você já viu plantações de trigo, batata ou arroz? No trigal só há trigo, no batatal só batatas e no arrozal só arroz. Assim é fácil para os agricultores cuidarem da plantação, mas com isso a dieta deles fica muito limitada. Se só plantam arroz, têm de comer **arroz de manhã, arroz no almoço e arroz no jantar**. E se uma doença destruir os pés de arroz, eles não terão o que comer. Desastres assim foram muito comuns na história, e agricultores sempre correram o risco de morrer de fome.

Para os coletores havia mais segurança. Se uma doença matasse todas as cebolas silvestres ou todos os coelhos de uma área, os coletores passariam dificuldades, mas em geral havia outras coisas para coletar e caçar. Não vai ter coelho assado com cebola este ano? Que pena. Então vamos colher mais frutas e pescar mais peixes!

Os coletores eram sadios não só porque comiam coisas diferentes, mas também porque **naquele tempo as doenças infecciosas eram poucas.** A maioria das doenças infecciosas que conhecemos hoje — varíola, sarampo, gripe, por exemplo — são passadas dos animais para nós. A gripe vem de galinhas, patos e outras aves. Sarampo, tuberculose e antraz atacaram humanos pela primeira vez transmitidas por cabras, vacas e outros animais de criação. A grande epidemia de coronavírus talvez tenha começado com morcegos. E como hoje vivemos espremidos em cidades, se uma única pessoa contrair um vírus de uma galinha ou um morcego, ele pode se espalhar depressa para milhares de outras.

Os coletores antigos tinham muito menos contato com animais. Eles caçavam, é verdade, mas não criavam nem vendiam animais em mercados. Ninguém tinha galinheiro nem rebanho de cabras. Além disso, os coletores viviam em grupos pequenos que mudavam muito de lugar. Assim, se alguém pegasse um vírus de um animal, não infectaria muitas outras pessoas.

Então **a Idade da Pedra foi a melhor época de todas?** Se você tivesse uma máquina do tempo para viajar a qualquer época, ajustaria o relógio para a Idade da Pedra? Algumas pessoas fariam isso. Elas sonham com o tempo em que andávamos livres pelas florestas e campinas, em que "ir à escola" era brincar com arco e flecha e "trabalhar" era caminhar na floresta. Mas antes de você apertar o botão e se juntar a um bando de coletores da Idade da Pedra, vamos dar uma olhada nas desvantagens do modo de vida deles. E olha que não são poucas!

MAUS TEMPOS

Comecemos com coisas pequenas, como insetos. Na Idade da Pedra, as pessoas eram sempre perturbadas por insetos. Pode não parecer grande coisa, mas faça um teste. Se o tempo estiver bom, vá lá fora, encontre um lugar agradável e seguro para se deitar no chão — debaixo de uma árvore, por exemplo — e **tente não se mover por uma hora**. Não mexa nem um dedo, não coce a orelha. Só espere...

Não vai precisar esperar muito: logo formigas corajosas subirão pelos seus pés, um mosquito vai zumbir na sua orelha e uma mosca irritante irá pousar no seu nariz. E as aranhas — ah, mas não se mexa! Continue deitado, bem quietinho. Depois de uma hora, pergunte-se se quer mesmo voltar para uma época em que as pessoas tinham de dormir debaixo de uma árvore ou numa cabana improvisada com tanto inseto. Lembremos que não existiam casas para nos abrigar com paredes e janelas fortes.

E não eram só os insetos, é claro — **as pessoas viviam preocupadas com tigres, cobras e crocodilos**. Você vê tigres na televisão ou no zoológico e se sente seguro porque eles não podem sair da tevê ou da jaula. Mas e se houvesse tigres soltos lá fora, caçando no seu bairro? Você ficaria tranquilo para sair de casa, ir à escola ou encontrar um amigo?

Isso sem falar no mau tempo. Quando chovia, os coletores se ensopavam. Passavam frio no inverno e calor no verão. E não podiam ficar abrigados numa caverna o dia todo. Se não saíssem para procurar comida, ou se não encontrassem nada para comer, passavam fome.

Acidentes eram muito comuns, infelizmente, e como hão havia

hospitais nem remédios modernos, **até uma lesão sem gravidade podia ser muito perigosa** para um coletor. Por exemplo, se um menino subisse numa árvore para apanhar frutas, caísse e quebrasse a perna, não poderia ficar na cama por um mês. Aliás, nem existiam camas. Os outros do bando o ajudariam o quanto pudessem, mas ai dele se não conseguisse acompanhar o pessoal nas mudanças para novos acampamentos, ou se não fosse capaz de correr dos tigres!

As crianças, principalmente, corriam muitos perigos. Precisavam de bastante alimento para crescer fortes, mas ainda não tinham muita habilidade para subir em árvores e enfrentar animais perigo-

sos. Todo dia havia novas provas. Na segunda-feira, prova de se proteger de cobras. Na terça, prova de encontrar o caminho numa floresta escura; na quarta, prova de caçar mamute. Na quinta, atravessar nadando um rio gelado, e na sexta descobrir a diferença entre cogumelos bons e venenosos. E nada de folga no fim de semana: no sábado tinha prova de subir em árvores, e no domingo, de roubar mel sem ser picado por centenas de abelhas.

Quem fosse mal nessas provas não ganhava apenas uma nota baixa – podia morrer. Talvez o nosso mundo hoje não seja tão terrível, certo?

FALAR COM ANIMAIS

Em desenhos animados ou contos de fadas aparecem árvores e animais que falam. Crianças pequenas acreditam que podemos conversar com árvores e animais. Também aceitam a ideia de que existem fantasmas e espíritos por aí que nos espiam ou ficam escondidos no porão. Os adultos riem, acham fofo. Aí a criança cresce e contam para ela que não existem fantasmas nem árvores falantes e que só os pequenos creem nessas coisas.

Mas na Idade da Pedra parece que os adultos também acreditavam em árvores e animais que falavam e em fantasmas e espíritos. Quando andavam pela floresta, **os coletores falavam com arbustos e pedras** e pediam ajuda a elefantes e camundongos. Prestavam atenção no que as aves diziam... Quando alguém adoecia ou quando acontecia um acidente, talvez eles culpassem um fantasma ou pedissem conselhos a um espírito.

Como sabemos disso? Bem, é claro que não temos certeza. Em geral é mais fácil saber o que as pessoas fazem do que o que elas pensam. Por exemplo, temos certeza de que o povo de Sunghir caçava mamutes, pois encontramos muitos ossos de mamute por lá. **Mas o que o povo de Sunghir pensava sobre os mamutes?** Será que alguns eram vegetarianos e achavam errado matar animais? E se um mamute furioso pisoteasse uma pessoa e a matasse, o que

30 mil anos atrás

pensavam que tinha acontecido com essa pessoa? Eles acreditavam que os mortos iam para o céu, renasciam em um novo corpo ou viravam fantasmas? Ou que só desapareciam na escuridão?

É muito difícil responder a essas perguntas, pois não podemos perguntar às pessoas da Idade da Pedra no que elas acreditavam. Hoje, se quisermos saber no que os muçulmanos acreditam, é só perguntar a um muçulmano ou ler o Alcorão, o livro sagrado dos muçulmanos. Para saber no que os cristãos creem, pergunte a um cristão ou leia a Bíblia. Para saber no que um hindu acredita, pergunte a um hindu ou leia os Vedas. Na Idade da Pedra não havia muçulmanos, cristãos ou hindus — essas religiões só apareceram nos últimos 3 mil anos. O Alcorão foi escrito há mais ou menos 1500 anos, a Bíblia há 2 mil anos e os Vedas talvez há 2500 anos.

As pessoas que viveram 20 mil anos atrás não sabiam ler nem escrever, por isso não temos livros sagrados da Idade da Pedra. Temos algumas pistas sobre suas crenças em túmulos como os de Sunghir, em estátuas como o Homem-Leão de Stadel e em pinturas em cavernas como as encontradas pelos arqueólogos adolescentes em Lascaux. É interessante que em Lascaux há muitos animais pintados, mas não deuses — ou pelo menos nada que se pareça com um deus para nós. Então talvez as pessoas não acreditassem em deuses poderosos.

Mas você se lembra dos coletores que ainda hoje vivem em lugares distantes do mundo? Um bom modo de investigar quais seriam as crenças dos coletores da Idade da Pedra é conversar com coletores de hoje. E bingo: muitos deles não creem em deuses poderosos,

mas acreditam que animais, árvores e até pedras podem falar e que o mundo é cheio de fantasmas e espíritos. Por isso, cientistas concluíram que em sociedades de caçadores-coletores – hoje e na Idade da Pedra – muitos adultos e crianças acreditavam que podiam falar com árvores e animais.

O povo nayaka, que vive nas selvas do sul da Índia, é um bom exemplo de coletores modernos. Quando um nayaka encontra um animal perigoso, como um tigre, uma cobra ou um elefante, na mata, talvez fale diretamente para ele: "Você vive na floresta e eu também. Veio aqui para comer, e eu vim coletar raízes e tubérculos. Não vim para machucar você, por isso, por favor, não me machuque".

Certa vez um nayaka foi morto por um elefante macho que eles chamavam de "o elefante que sempre anda sozinho". Funcionários do governo indiano apareceram para capturar o elefante, mas os nayakas não quiseram ajudar na captura. Explicaram que o elefante tinha razão para ser violento: antes ele tinha um grande amigo, outro elefante macho, e os dois sempre andavam juntos pela floresta. Um dia, pessoas malvadas atiraram no segundo elefante e o levaram embora. Desde então, "o elefante que sempre anda sozinho" vivia muito solitário e zangado com os humanos. "Como você se sentiria se tirassem o seu amigo?", perguntaram os nayakas. "Era assim que esse elefante se sentia. Os dois às vezes se separavam durante a noite, mas pela manhã sempre se encontravam. Naquele dia terrível, o elefante viu seu amigo cair morto. Se duas criaturas sempre andam juntas e alguém mata uma delas, como a outra vai se sentir?"

FALAR COM ÁRVORES

Cientistas inventaram uma palavra para nomear as pessoas que acreditam em animais que falam e em espíritos que vivem em rochas e rios: animistas. Sabe de onde vem a palavra "animista"? Isso mesmo: do latim. Em latim, *anima* quer dizer "espírito". Um espírito é algo que pode sentir coisas, querer coisas e falar com outros espíritos sobre o que sente e quer. Para os animistas, **faz sentido falar com árvores, elefantes, flores ou pedras** porque eles pensam que todas essas coisas têm espírito.

Por exemplo, animistas podem acreditar que a grande nogueira no alto do morro tem um espírito. Ela gosta de chuva e sol e se zanga quando pessoas cortam seus galhos para fazer lanças. Quando ela está feliz, produz muitas nozes e as divide com os humanos, os esquilos e os corvos. Quando está brava, para de produzir nozes e, pior ainda, pode fazer as pessoas adoecerem. Como? O espírito dessa árvore tem muitos amigos, pois ela permite que vários espíritos e fantasmas menores vivam em seus galhos. Assim, quando um homem enfurece o espírito da árvore, ela pede a algum dos espíritos menores que voe para dentro do nariz ou da boca do homem, avance por sua garganta, chegue ao estômago e cause uma terrível dor de barriga.

A árvore pode falar com todos esses pequenos espíritos, mas também pode falar diretamente com as pessoas. E as pessoas podem falar com ela. Por exemplo, o homem que enfureceu a árvore poderia pedir desculpas a ela. Se ele tiver sorte, a árvore poderá perdoá-lo e dizer aos pequenos espíritos que saiam de seu estômago.

Claro que **não é fácil falar com árvores**. Primeiro é preciso conhecer a língua da árvore, e isso exige tempo e paciência. Sabemos que ninguém consegue aprender chinês ou sueco em um dia, e nesse caso também é assim: não dá para aprender a língua das árvores, das pedras ou dos sapos em um dia. O arvorês, o pedrês e o sapês são línguas complicadas. Não são feitas de palavras. São feitas de sinais, sons, movimentos e até sonhos. A maioria das pessoas hoje não sabe falar com árvores, mas não porque as árvores não falam, dizem os animistas – é que as pessoas esqueceram a língua das árvores.

Hoje a maioria das pessoas acha que os humanos são o que há de mais importante no mundo, mas muitos animistas acreditam que todos os espíritos são iguais. Humanos não são mais importantes que árvores, e mamutes não são mais importantes que sapos. **Todos têm seu lugar no mundo**, e ninguém está no controle absoluto. Os animistas não dão importância a grandes deuses. Os espíritos com que eles falam são pequenos e acessíveis. Se um animista deseja algo da nogueira do alto do morro, tem de falar com ela, não com a deusa de todas as árvores nem com um grande deus do céu. E isso faz sentido! Se você quer um pedaço do chocolate da sua irmã, por exemplo, tem de falar com ela, não com a deusa das irmãs.

Para os animistas, as regras que governam o mundo não são ditadas por um grande deus; elas surgem de uma discussão livre entre todos os espíritos do mundo. Humanos, árvores, lobos e fadas conversam uns com os outros e decidem como todos devem se comportar.

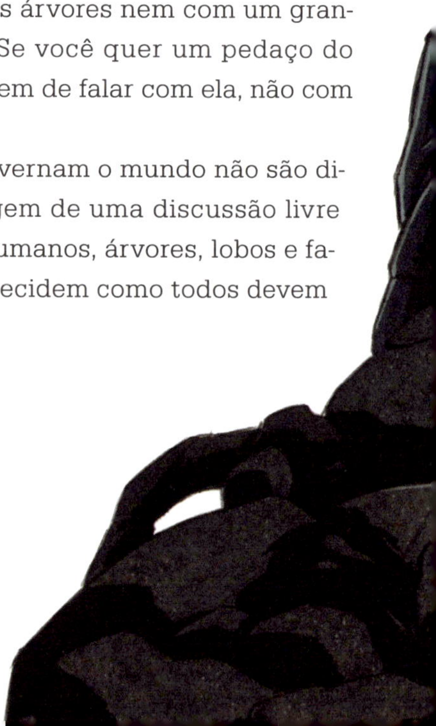

SEGUIR AS REGRAS

Que tipo de regras tinham os coletores? Elas não eram iguais em todos os lugares, pois não eram decididas por um único deus no céu. Cada área tinha diferentes animais, árvores e pedras, por isso as pessoas acreditavam em regras diferentes. As regras de Sunghir eram diferentes das de Ohalo, e as de Olaho eram diferentes das de Lascaux e de Stadel. Hoje podemos descobrir as regras do povo nayaka porque podemos falar com nayakas e perguntar a eles. Mas não conseguimos saber exatamente que regras os povos

antigos de Sunghir, Ohalo, Lascaux e Stadel seguiam porque não temos evidências suficientes. E as poucas que tempos podem ser interpretadas de muitos modos.

Veja a pintura abaixo, por exemplo. Foi pintada por coletores na caverna de Lascaux há mais ou menos 17 mil anos. O que você acha que ela representa?

Muitos diriam que é a imagem de um homem com cabeça parecida com a de um pássaro, um bisão ao lado e outros pássaro embaixo. O.k., **mas o que significa?** Alguns arqueólogos acham que

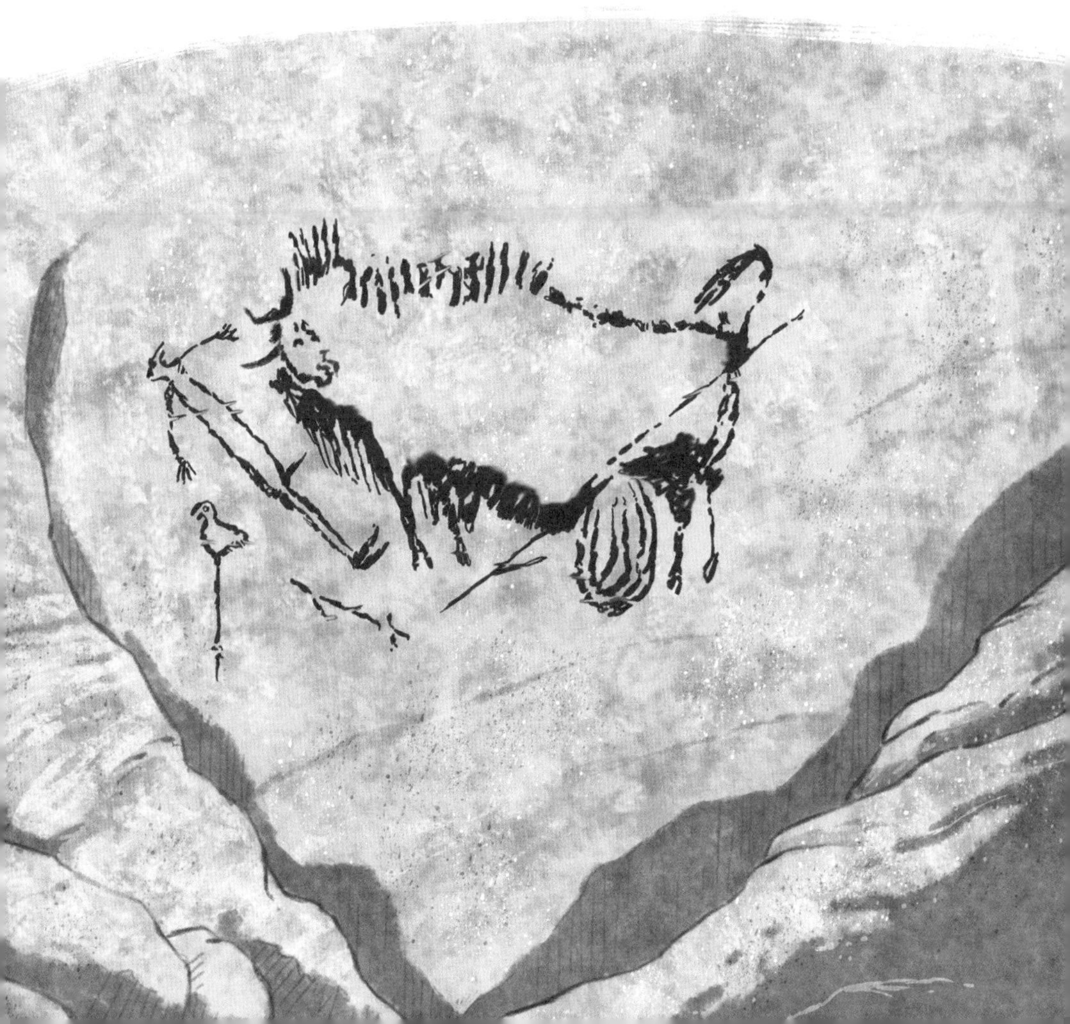

o bisão atacou o homem, que está caindo morto. E o pássaro embaixo dele representaria seu espírito voando para longe na hora da morte. E talvez o grande e temível bisão não seja um animal comum, e sim um símbolo da morte. Para esses arqueólogos, essa pintura é uma prova de crenças de pessoas de 17 mil anos atrás: elas acreditavam que quando alguém morre o espírito se liberta do corpo e voa para o céu, ou talvez entre em um novo corpo. Bem, pode ser que eles estejam certos.

Mas pode ser que não. **Não temos como saber** se essa teoria é verdadeira. Talvez a tal cabeça de pássaro do homem seja apenas resultado de uma pintura malfeita por alguém que não sabia desenhar cabeças direito. Repare que as mãos e os pés do homem também não são grande coisa. E mesmo se a cabeça for de pássaro, talvez essa seja uma imagem de algum Batman ou Super-Homem da Idade da Pedra que lutou contra um monstro bisão do mal e saiu voando quando o bisão ia atacar.

Ou, olhando de outro modo, talvez o homem não esteja morrendo. Talvez esteja abrindo os braços para abraçar o bisão, que por sua vez abaixa a cabeça para receber o carinho. Então essa imagem falaria de amizade entre pessoas e bisões, certo? Aposto que se você ficar olhando para a pintura e libertar a sua imaginação, consegue sugerir muitas outras histórias possíveis.

Quando não sabemos algo, é melhor ser honesto e admitir. Não sabemos em que as pessoas acreditavam na Idade da Pedra, nem que tipos de histórias contavam. Esse é um grande ponto de interrogação na nossa compreensão da história humana.

CORTINA DE SILÊNCIO

Até aqui vimos como os coletores viviam em geral. Só que as coisas importantes da vida das pessoas não são aquelas "em geral". **A história é feita de acontecimentos particulares**, e muitos livros de história os descrevem em detalhes.

Por exemplo, talvez um livro de história sobre o primeiro pouso na Lua conte que, no dia 20 de julho de 1969, às 8 horas, 17 minutos e 8 segundos da noite, o módulo lunar *Eagle* tocou a superfície da Lua em um lugar chamado Mar da Tranquilidade. Havia dois homens a bordo: Neil Armstrong e Buzz Aldrin (um terceiro astronauta, Michael Collins, esperava por eles a bordo da nave mãe, *Columbia*). Armstrong fez contato com o comando da missão na Terra, na cidade de Houston, e disse: "Houston, falo do Mar da Tranquilidade. **O *Eagle* pousou**". No mínimo 600 milhões de pessoas espalhadas pelo mundo, grudadas na TV ou no rádio, ouviram estas palavras famosas: "O *Eagle* pousou".

Os astronautas fizeram muitos preparativos cuidadosos, vestiram seus trajes espaciais e, em 21 de julho, às 2 horas, 39 minutos e 33 segundos da manhã, abriram a porta do módulo lunar. Depois de mais preparativos, Neil Armstrong começou a descer a escada, que tinha nove degraus.

Às 2 horas, 56 minutos e 15 segundos da manhã, Armstrong desceu o último degrau da escada, pisou com suas botas na superfície da Lua e declarou: "É um pequeno passo para o homem, mas um salto gigantesco para a humanidade".

Conhecemos esse acontecimento em detalhes.

A Idade da Pedra também deve ter sido rica em grandes acontecimentos históricos. Mas ninguém os registrou por escrito, pois na época as pessoas não sabiam escrever. Com o tempo, todas as histórias foram esquecidas. É por isso que nunca ouvimos falar desses acontecimentos, que sem dúvida um dia foram reais. Por exemplo, o que houve quando uma tribo de sapiens entrou pela primeira vez em um vale habitado por neandertais? Nos primeiros anos provavelmente houve muitas cenas fortes — tão importantes quanto nossa chegada à Lua.

Podemos tentar imaginar o que aconteceu: talvez tudo tenha começado, por exemplo, com uma mulher que subiu num morro para colher morangos, viu uns humanos estranhos lá embaixo no vale e voltou correndo e gritando: "Monstros! Monstros!".

Seu bando contou a outros bandos sobre os monstros, e todos combinaram uma reunião na próxima noite de lua cheia para decidir o que fazer. Nessa ocasião, as pessoas de todos os bandos se reuniram em volta da fogueira, com os rostos iluminados pelo fogo, e cada uma falou. Algumas não acreditavam que os neandertais fossem monstros e que pudessem fazer amizade com eles. Outras disseram que o melhor era ficar longe deles e não entrar nos seus vales de jeito nenhum. Havia ainda as que insistiram em afirmar que eles eram monstros perigosos e que todos deviam se unir para lutar contra eles e conquistar o vale. E ninguém conseguia decidir quem tinha razão.

As pessoas então combinaram de consultar os espíritos guardiões da tribo, pois talvez eles soubessem o que fazer. O xamã dos espíritos — que sabia tudo sobre os espíritos guardiões da

tribo — organizou uma dança sagrada, ao som de tambores e pisadas. A tribo dançou e clamou pela ajuda dos espíritos guardiões, e por fim o xamã ouviu um sussurro dos espíritos: "Guerra". (Na verdade, talvez mais tarde se descobrisse que o xamã não tinha ouvido coisa nenhuma, e que tinham sido umas pessoas que queriam a guerra que haviam prometido a ele cem contas de marfim e três chapéus com dentes de raposa se ele dissesse "Guerra", por isso ele mentiu.)

Veio então a batalha, com clavas de madeira e lanças com ponta de pedra. Foi um massacre. Não sobrou nenhum neandertal **além de um assustado menino de três anos**, encontrado atrás de um espinheiro. Um sapiens bondoso se ofereceu para adotar o menino, mas outros, furiosos, gritaram que ele era um monstro e devia ser morto. Houve outra discussão tensa em volta da fogueira, com olhares fuzilantes e vozes alteradas. Logo as pessoas estavam de clava e lança em punho, fazendo ameaças. Quando estavam quase começando a lutar, a mulher mais velha da tribo, que pouco falava, se levantou, tirou sua capa de pele de cervo e cobriu com ela os ombros do menino. E ele ficou. Cresceu e se tornou membro da tribo de sapiens, e seu sangue ainda corre em nossas veias hoje. Talvez ele seja um ancestral seu muito distante!

Mas tudo isso não são fatos, só imaginação. Talvez tenha mesmo acontecido algo assim, ou talvez tenha sido totalmente diferente. Talvez não tenha havido guerra, batalha, massacre. Talvez quando sapiens encontraram neandertais pela primeira vez todos tenham feito uma grande festa com dança, canto, troca de chapéus de dentes de raposa e até de beijos. E muitos anos depois as pessoas talvez ainda contassem histórias sobre essa festa maravilhosa. Só que ela acabou sendo esquecida, como tudo o mais que aconteceu na Idade da Pedra.

Não sabemos o que aconteceu, pois não temos evidências. No máximo, talvez arqueólogos encontrem um dente de raposa num chapéu e cientistas talvez descubram um gene de neandertal no seu DNA. O dente e o gene podem nos contar bem pouco sobre nossos ancestrais da Idade da Pedra. Mas quase nunca terão algo a revelar sobre detalhes de acontecimentos particulares. O dente de raposa não pode nos dizer se veio de uma guerra ou de uma festa.

Como esse primeiro encontro entre sapiens e neandertais, inúmeros outros dramas da Idade da Pedra estão escondidos de nós atrás de uma cortina de silêncio, que nos impede de ver dezenas de milhares de anos de história. E naquele tempo talvez tenham acontecido muitas guerras e festas, pessoas podem ter inventado várias religiões e filosofias e artistas podem ter composto as melhores músicas de todos os tempos. Mas não sabemos nada sobre isso.

Agora, temos certeza de uma coisa que nossos ancestrais fizeram, e sobre isso sabemos bastante: eles eliminaram a maior parte dos grandes animais do planeta.

4

O QUE ACONTECEU COM TODOS OS ANIMAIS

50 milhões de anos atrás — Pakicetus
48 milhões de anos atrás — Ambulocetus
33 milhões de anos atrás — Dorudon
27 milhões de anos atrás — Toipahautea waitaki

RUMO AO DESCONHECIDO

No começo, os humanos não viviam no mundo inteiro, só em algumas partes dele. Nossos ancestrais sapiens viviam na África, os neandertais na Europa e no Oriente Médio, os denisovanos na Ásia e os anões de Flores na ilha de Flores.

Em muitas outras partes do mundo não havia humanos. Não havia pessoas na América, na Austrália, nem em muitas ilhas, como Japão, Nova Zelândia, Madagascar e Havaí. O motivo era que os humanos não eram bons nadadores. Eles até conseguiram alcançar algumas ilhas, como a de Flores, que ficavam perto da massa de terra principal, mas não podiam atravessar o mar aberto para chegar a lugares como Austrália ou Havaí.

Quando nossos ancestrais sapiens saíram da África há mais ou menos 70 mil anos, andaram por toda parte. Andaram até a Europa, onde encontraram os neandertais; andaram até a Ásia e encontraram os denisovanos; continuaram andando até chegar ao outro extremo da Ásia... e aí não puderam andar mais. Mas isso não os impediu, pois **eles tiveram uma grande ideia**. Sabiam que madeira flutua na água, por isso amarraram troncos uns nos outros para fazer jangadas, ou escavaram troncos de árvore para fazer canoas, e entraram no mar.

Essa foi uma conquista extraordinária. Outros animais começaram a vida em terra firme, depois evoluíram e foram viver no mar. Por exemplo, os ancestrais das baleias foram animais terrestres não maiores do que um cachorro de grande porte. Há mais ou menos 50 milhões de anos, alguns desses animais parecidos com cães começaram a passar parte do tempo em rios e lagos, pegando peixes e outros seres pequenos. Cientistas descobriram o esqueleto de um desses animais no Paquistão e o chamaram de *Pakicetus*.

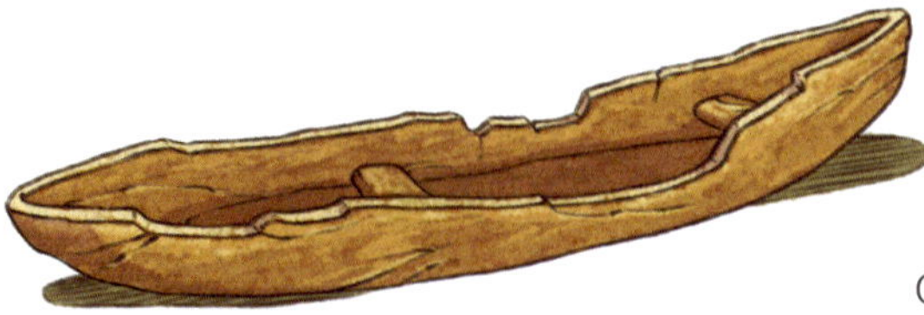

Os descendentes dos *Pakicetus* se adaptaram para viver na água; foram passando cada vez mais tempo em rios, quase sem pisar em terra firme. Seus pés, não mais necessários para andar, ficaram cada vez menores e viraram nadadeiras. A cauda foi crescendo e se alargando, para ajudá-los a nadar. Por fim, eles entraram de uma vez no mar: abandonaram a terra firme e passaram a viver nas profundezas do oceano. Seus corpos se adaptaram, e eles ficaram enormes até se tornarem baleias.

Mas o processo levou muitos milhões de anos. Nenhum animal sentiu a mudança durante sua vida. Ninguém nasceu como um pequeno animal terrestre, cresceu e se tornou uma baleia enorme no mar. Ninguém sentiu que era um quarto baleia ou metade baleia. A cada etapa do caminho, eles eram o que eram, e isso bastava. Se um desses ancestrais parecidos com cães encontrasse uma baleia do presente, não imaginaria que esse gigantesco animal marinho era seu descendente do futuro distante. E as baleias provavelmente também não são a última etapa. Talvez elas continuem a evoluir, e vai saber como elas serão daqui a 50 milhões de anos!

Os sapiens foram diferentes das baleias porque não precisaram esperar o corpo evoluir para atravessar o mar — **eles só inventaram novas ferramentas**. Não ganharam nadadeiras, e sim começaram a construir barcos. E não precisaram de milhões de anos, apenas de algumas gerações.

Quando os sapiens aprenderam a construir barcos, remaram para ilhas que eles podiam ver de onde estavam, na costa. Depois foram remando de uma ilha a outra até chegar à ilha mais distante. E então não conseguiram ver mais ilhas ao longe. Será que o mundo acabava lá?

Mas não pararam por aí. Talvez algumas pessoas corajosas e aventureiras tenham dito que além do horizonte podia haver mais ilhas escondidas. “Como você sabe que existem mais ilhas? Você não as viu”, diziam seus amigos cautelosos.

"Como você sabe que NÃO há ilhas? Você nunca esteve lá", eles respondiam.

Mas **sem dúvida um grupo de pessoas decidiu correr o risco** de navegar para o desconhecido e ver com seus próprios olhos. Carregaram o máximo possível de água e comida, em suas jangadas e canoas e remaram. Remaram, remaram até não enxergar mais a ilha onde começaram sua jornada... mas não conseguiram ver novas ilhas ao longe. E a comida e a água estavam acabando. Se avançassem mais, talvez não tivessem provisões para fazer o caminho de volta. O que você faria se estivesse em um desses barcos?

É provável que alguns dos aventureiros tenham pensado que era perigoso demais e voltaram. Outros decidiram seguir viagem. Talvez um deles tenha visto uma ave voando no céu e pensado: "Essa ave tem de estar indo para algum lugar, portanto tem de haver terra à frente!". E continuaram a remar e remar.

Até que finalmente chegaram à Austrália. Isso foi há mais ou menos 50 mil anos.

A jornada das primeiras pessoas que chegaram à Austrália é **um dos acontecimentos mais importantes da história**. É ainda mais importante que a viagem de Colombo à América ou a de Neil Armstrong e seus colegas até a Lua. O momento em que os primeiros humanos puseram os pés numa praia australiana foi o momento em que nós, humanos, nos tornamos o animal mais perigoso do mundo — os senhores do planeta Terra. Até então, os humanos tinham tido pouca influência sobre o meio ambiente, mas a partir desse momento eles começaram a mudar o mundo por completo.

GIGANTES DA AUSTRÁLIA

Quando os primeiros humanos desembarcaram na praia, não sabiam nada sobre a Austrália. Você já mudou de cidade ou de escola? É difícil, não é? Você não sabe quais colegas são legais, quais são valentões. Quando você vê um professor vindo pelo corredor, não sabe se deve dizer bom-dia ou ficar na sua. Não sabe onde fica o melhor bebedouro, onde a galera mais descolada se reúne.

Os primeiros humanos que chegaram à Austrália devem ter se sentido mais ou menos assim. **Nenhum humano tinha estado lá antes**, por isso eles não sabiam nada sobre aquele lugar. Não sabiam quais cogumelos e frutas eram bons para comer e quais eram venenosos. Quando um canguru veio na direção deles, não sabiam se era perigoso ou inofensivo. Não sabiam onde encontrar água e pedras de sílex. Tudo era novidade.

Eles então começaram a explorar sua nova terra e descobriram animais enormes e estranhos. Na época, a Austrália não tinha só os cangurus que conhecemos hoje, mas também cangurus gigantes de até dois metros de altura e duzentos quilos. Esses cangurus eram caçados pelo leão-marsupial, uma espécie de leão-canguru que os cientistas depois chamaram de *Thilacoleo*. O leão-marsupial era grande e feroz como um leão, mas levava os filhotes em uma bolsa na barriga como um canguru. Nas planícies da Austrália corriam aves enormes que não voavam, chamadas *Genyornis*. Eram maiores que um homem e botavam ovos imensos – um só já dava uma omelete tamanho-família.

Coalas gigantes viviam nas florestas, lagartos com jeito de dragão se esquentavam ao sol e cobras de cinco metros rastejavam pelo capim. Elas provavelmente podiam comer três crianças ou mais de uma vez só! O maior de todos os animais estranhos era o diprotodonte. Ele pesava quase três toneladas e era do tamanho de uma caminhonete.

AO REDOR DO MUNDO

EXTINTOS

Pouco depois de os sapiens chegarem à Austrália, todos esses animais enormes se extinguiram — e muitos animais pequenos também. Extinguir-se significa desaparecer... totalmente, completamente. Quando um animal é extinto, todos os de seu tipo morrem. Por causa disso, não nascem novos filhotes, e **esse tipo de animal desaparece para sempre**. Foi o que aconteceu com os cangurus gigantes, os leões-marsupiais, as cobras de cinco metros, os diprotodontes e muitos outros. Mas por quê?

Quando algo ruim acontece e você sabe que é sua culpa, é tentador acusar outra pessoa. Você jogou bola na sala e quebrou o vaso favorito da sua mãe? Foi o gato, é claro! Pois é, alguns dizem que os animais gigantes da Austrália se extinguiram porque o clima da região mudou. Esfriou mais, choveu menos, o alimento dos animais acabou e eles morreram.

Ora, é difícil acreditar nisso. O clima australiano mudou mesmo 50 mil anos atrás, mas não foi tanto assim. De qualquer modo, aqueles grandes animais tinham vivido na Austrália por milhões de anos e conseguido sobreviver a muitas mudanças no clima. Por que

desapareceram de repente justo quando chegaram os primeiros humanos? Sejamos honestos: a explicação mais razoável é que os sapiens foram a causa.

Mas como os sapiens antigos puderam causar tamanho desastre? Não tinham fuzis, bombas, carros, caminhões. Não construíram cidades nem fábricas. Só possuíam ferramentas da Idade da Pedra. Mas **eles tinham três grandes vantagens**: a cooperação, o elemento-surpresa e a capacidade de controlar o fogo.

APRENDENDO A TER MEDO

A primeira vantagem era que eles sabiam contar histórias para unir muitas pessoas. Antes de os sapiens chegarem à Austrália, os grandes predadores de lá, como os leões-marsupiais, caçavam sozinhos ou em grupos bem pequenos. Mas quando os sapiens saíam para caçar, sabiam fazer grandes grupos de pessoas cooperarem. Um diprotodonte imenso podia se defender de um leão-marsupial, mas não de vinte sapiens espertos. E mais importante: os sapiens sabiam trocar informações, e os leões-marsupiais não. Se pessoas de um bando inventassem um novo truque para caçar diprotodontes, podiam logo ensinar a todos os outros bandos como fazer. E se uma pessoa descobrisse onde as aves *Genyornis* costumavam botar ovos, isso virava notícia para toda a vizinhança bem depressa.

Os sapiens já tinham aprendido a caçar em grupo e a trocar informações quando viviam na África e na Ásia. Chegando à Austrália, ganharam mais uma vantagem importante: o elemento-surpresa. Humanos já tinham vivido na África e na Ásia por 2 milhões de anos e aperfeiçoado aos poucos seus métodos de caçar. De início, os animais da África e da Ásia não se preocuparam muito com os humanos, mas **com o tempo aprenderam a ter medo deles**. Quando os sapiens adquiriram sua habilidade exclusiva de cooperar em grandes números, os animais da

África e da Ásia já sabiam ficar longe de nós. Sabiam que aqueles primatas bípedes com paus nas mãos traziam problemas: melhor fugir, e rápido! Mas os animais da Austrália não tiveram tempo para se ajustar aos humanos.

Acontece que nós, humanos, **não parecemos muito perigosos**. Não temos o corpo grande e musculoso como o tigre, dentes afiados como o crocodilo, chifres enormes como o rinoceronte, e não somos velozes como os guepardos. Assim, quando um diprotodonte australiano viu aqueles primatas bípedes da África pela primeira vez, encolheu os ombros e voltou a comer suas folhas. Aquelas criaturas estranhas não pareciam ameaçadoras. Como poderiam machucar um diprotodonte enorme?

Mas àquela altura os humanos já eram os seres mais mortíferos do planeta. Bem mais perigosos do que um leão ou uma cobra de cinco metros. Claro que um humano sozinho é menos perigoso do que um leão ou uma cobra. Mas cem sapiens juntos podem fazer coisas que os leões e as cobras não podem. Caçar diprotodontes e outros grandes animais na Austrália era ainda mais fácil do que caçar elefantes e rinocerontes na África e Ásia, pois **os animais australianos não tentavam escapar** ao ver os humanos. Foi por isso que todos os diprotodontes da Austrália sumiram, enquanto alguns elefantes e rinocerontes conseguiram sobreviver na África. Os pobres diprotodontes se extinguiram antes de aprender a temer os humanos.

Pode parecer estranho, mas aprender a ter medo leva tempo. Achamos que medo é algo que sentimos automaticamente, certo? Mas pense em coisas que amedrontam você. Do que você tem mais medo: de uma aranha peluda ou de um carro? Se você for como a maioria das pessoas, quando vê uma aranha peluda vindo na sua direção, sai correndo. Talvez até grite: "Aaai, uma aranha!". Mas não foge quando vê um carro. Por quê? Carros matam mais de 1 milhão de pessoas por ano... e **aranhas não matam quase ninguém**.

É que já existiam aranhas na Idade da Pedra, enquanto os carros só foram inventados faz um século. Assim, os humanos tiveram tempo para aprender a ter medo de aranhas e não de carros. Com os pobres diprotodontes foi a mesma coisa. Talvez eles também tivessem medo de aranhas peludas, mas não da coisa mais perigosa do mundo: humanos.

Assim, além de saber cooperar, os humanos tinham a vantagem do elemento-surpresa e, por fim, controlavam o fogo. Quando os sapiens chegaram à Austrália, já sabiam fazer uma fogueira em qualquer lugar e quando quisessem. Se chegassem a uma mata fechada cheia de animais estranhos, não precisavam caçar um por um e correr o risco de ser pisoteados por um diprotodonte. Era só acender o fogo e queimar a floresta inteira.

Os humanos podiam esperar fora da floresta até que os animais assustados corressem direto para uma armadilha. Ou esperar que a floresta queimasse com os animais lá dentro e, assim que as chamas se apagassem, eles podiam fazer um banquete de diprotodonte e canguru assado.

Foi assim que os sapiens mataram os animais gigantes da Austrália. **Nenhum deles sobreviveu**. Os humanos mudaram totalmente a Austrália, e foi a primeira vez que fizeram isso — a primeira vez que mudaram por completo uma parte do mundo.

A DESCOBERTA DA AMÉRICA

O grande problema dos hábitos ruins é que é difícil nos livrarmos deles. Tendemos a levá-los conosco por toda parte. Infelizmente isso vale também para os nossos ancestrais. Acabar com tantos animais na Austrália foi a primeira de suas ações terríveis. A segunda foi acabar com animais na América.

Chegar à América foi ainda mais difícil do que chegar à Austrália. A América é separada da África e da Europa pelo oceano Atlântico, que é imenso, e separada da Ásia pelo oceano Pacífico, que é maior ainda. Só o extremo norte da América, o Alasca, é próximo do extremo norte da Ásia, a Sibéria. E até mais ou menos 10 mil anos atrás o nível do mar ali era tão baixo que era possível ir da Sibéria ao Alasca andando, sem precisar navegar.

Mas o clima nessa região ártica era gelado. No norte da Sibéria, as temperaturas podiam chegar a −50°C no inverno, e em muitos dias o sol não aparecia. Nem os neandertais e os denisovanos, tão fortes e acostumados a neve e gelo, conseguiriam sobreviver no norte da Sibéria. Por isso eles não puderam chegar à América.

E então vieram os nossos ancestrais sapiens. Como eram da ensolarada África, não tinham o corpo adaptado à vida em temperaturas árticas. Mas ao migrarem para o norte até a Sibéria, inventaram muitas coisas para conseguir sobreviver. Sabemos, por exemplo, que os neandertais às vezes se enrolavam em peles de animais, mas os sapiens inventaram a agulha e aprenderam a costurar várias camadas de peles e couros juntas para fazer roupas quentes e à prova d'água. Não costumamos gastar muito

tempo pensando sobre agulhas, mas elas foram **uma das invenções mais importantes da história**. Se os sapiens antigos não tivessem inventado a agulha, provavelmente não teriam chegado à América.

PARA O SUL

Os sapiens também usavam a cooperação em grandes números para caçar grandes animais, como os mamutes, que viviam mais ao norte. Cada mamute equivalia a um supermercado inteiro. Era uma montanha de carne e gordura — alguns mamutes pesavam doze toneladas! As pessoas não conseguiam comer tanto de uma vez, mas aprenderam a preservar a carne pela defumação ou pelo congelamento no gelo. Podiam usar a pele e o couro do mamute para fazer roupas e sapatos térmicos, os ossos grandes para sustentar suas tendas e os pequenos para fazer ferramentas. Além disso, o marfim servia para fazer joias e objetos de arte — como a estátua do Homem-Leão ou os braceletes e as contas encontrados em Sunghir.

Assim, quando o inverno se aproximava, talvez uma tribo inteira de sapiens se reunisse para caçar mamutes. Depois dividiam a carne, a pele e o marfim entre muitos bandos pequenos. Cada grupo coletava outros tipos de alimento e o máximo de lenha possível. Com a chegada do inverno, **cada grupo se recolhia em uma caverna**. O sol desaparecia e tempestades de neve caíam, e o bando permanecia abrigado na caverna, aproveitando o calor da fogueira.

Talvez para passar o tempo eles contassem histórias sobre mamutes, fantasmas e uma criatura estranha que era metade homem, metade leão. E talvez contassem piadas e cantassem. Costuravam casacos com pele de mamute, faziam calçados com couro de mamute e contas e joias com marfim de mamute.

Quando sentiam fome, iam até a parte mais fria da caverna, que servia como um refrigerador, cortavam um filé de mamute e o assavam na fogueira. É claro que eles não tinham geladeiras, mas, com temperaturas próximas a −50°C, **a caverna funcionava como um refrigerador natural!**

Os chapéus e os cintos enfeitados encontrados em Sunghir provam que os caçadores de mamutes fizeram mais do que sobreviver — eles prosperaram. Eles se multiplicaram e se espalharam pelo extremo norte, caçando mamutes, rinocerontes-lanudos e renas, além de pescar na costa. Quando acabavam os mamutes e os peixes de um lugar, eles se mudavam à procura de mais. Até que um dia passaram da Sibéria para o Alasca e descobriram a América. Não sabiam que estavam descobrindo a América, é claro. Para os mamutes, os peixes e as pessoas, o Alasca era só uma continuação da Sibéria.

E do Alasca eles continuaram para o sul, por toda a América. De início viviam dos peixes e dos grandes animais que pegavam no extremo norte. Mas **os sapiens podem mudar seu modo de viver muito depressa**, e foi o que eles fizeram na América. Sempre que chegavam a um lugar novo, aprendiam depressa tudo que podiam sobre as plantas e os animais dali, e então inventavam novos truques e novas ferramentas e se adaptavam às novas condições.

Descendentes dos caçadores de mamutes da Sibéria talvez tenham ido viver nos pântanos do delta do Mississippi. Não usavam mais casacões compridos feitos de pele de mamute — agora andavam quase nus. Já não seguiam rastros de manadas de mamutes na tundra congelada, mas faziam redes para pescar no rio.

Esqueceram o sabor de filé de mamute e começaram a gostar de carne de caranguejo. Também pode ser que tenham parado de crer no espírito do Homem-Leão e começado a contar histórias sobre o espírito do Homem-Jacaré que vivia no pântano.

Enquanto isso, alguns de seus parentes aprenderam a viver no deserto de Sonora, na região do atual México, onde havia muitos coiotes, mas nenhum jacaré. Outros se instalaram nas selvas da América Central ou nas margens do Amazonas, nas montanhas dos Andes, nos vastos pampas da Argentina. Alguns chegaram à ilha da Terra do Fogo, no extremo sul da América do Sul. E só precisaram de alguns milhares de anos para colonizar todos esses lugares diferentes. Essa jornada pela América prova que **nossos ancestrais tinham habilidades impressionantes**. Nenhum outro animal jamais conseguiu se adaptar tão depressa a tantos lugares diferentes.

Os humanos caçaram os grandes animais de quase todos os lugares aonde foram. Quando chegaram à América, já sabiam caçar ainda melhor do que quando desembarcaram na Austrália. Um dos métodos que eles inventaram era assim: vários grupos se aproximavam dos animais a partir de direções diferentes para cercá-los. Desse modo, os bichos não conseguiam escapar, mesmo sendo mais velozes que os sapiens.

Outro método era se aproximarem dos animais por um lado só, e fazer com que corressem na direção de um abismo ou de um rio fundo, que não podiam atravessar. Um terceiro método era forçar a caça a fugir para um desfiladeiro estreito ou uma travessia de rio. **Os animais pensavam que tinham um caminho para fugir** e se espremiam naquela passagem apertada — e outro grupo de sapiens estava à espera deles numa emboscada. Depois de encurralá-los, os caçadores os matavam com flechas, lanças ou pedras.

Se as presas viviam em uma planície sem abismos, rios ou desfiladeiros, os sapiens trabalhavam juntos para construir armadilhas artificiais. Erguiam barreiras com madeira ou pedra e cavavam buracos fundos que depois cobriam com galhos e folhas. Em seguida, vinham por trás dos animais fazendo barulho e agitando os braços para que eles corressem na direção dessas armadilhas. Às vezes, vários bandos de pessoas trabalhavam por muitas semanas para fazer as barreiras e cavar os buracos, e se a armadilha funcionasse uma manada toda era caçada numa manhã. Em Tultepec, um lugar no território do atual México, arqueólogos acharam dois buracos enormes com ossos de catorze mamutes. Talvez humanos tenham cavado esses buracos para que os mamutes caíssem lá.

Quando os primeiros humanos chegaram à América, encontraram muitos mamutes, mas também outros animais parecidos com elefantes, os mastodontes. Havia também castores do tamanho de jogadores de basquete, manadas de cavalos e camelos, tigres-dentes-de-sabre e leões enormes, maiores que os leões atuais da África. Outros bichos americanos antigos não se pareciam com nenhum animal do nosso tempo, como o gigantesco megatério, que chegava a ter quatro toneladas e seis metros de altura. É quase o dobro da altura de um elefante! Pouco depois de os humanos chegarem, a maioria desses animais enormes se extinguiu.

EM APUROS

Por que será que foram os grandes animais que se extinguiram? Por que mamutes, megatérios e castores gigantes desapareceram, mas ainda existem castores e coelhos pequenos? Por várias razões.

Primeiro, quando os sapiens se reuniam em grandes números para caçar, preferiam os animais grandes aos pequenos — ninguém vai juntar dezenas de caçadores para perseguir alguns coelhos! Se dividissem dez coelhos por cinquenta pessoas, ninguém teria muito para comer... mas quando caçavam um único mamute, todo mundo comia bastante, e o esforço valia a pena.

Segundo, a melhor defesa do coelho é se esconder: entrar numa toca ou ficar quieto no meio de um arbusto, sem ser visto. **Para os mamutes era muito mais difícil se esconder.** Claro que animais grandes não se escondem de predadores — eles confiam em seu tamanho. Um mamute não precisava se esconder de um lobo ou de uma águia porque era grande demais para ser atacado por eles. Mas seu tamanho não os protegia dos grupos de sapiens. Ao contrário — os maiores eram a presa mais interessante para os caçadores humanos. Foi por isso que os animais grandes ficaram em apuros.

Terceiro, os grandes animais desapareceram porque não eram tão numerosos e se reproduziam devagar. Imagine que numa localidade houvesse uma população de mil mamutes. Todo ano nasciam doze mamutes, e dez mamutes morriam de velhice, doença ou ferimentos. Assim, essa população só aumentaria em dois mamutes por ano. Aí os sapiens chegaram e começaram a caçar mamutes. Mesmo se só conseguissem matar três por ano,

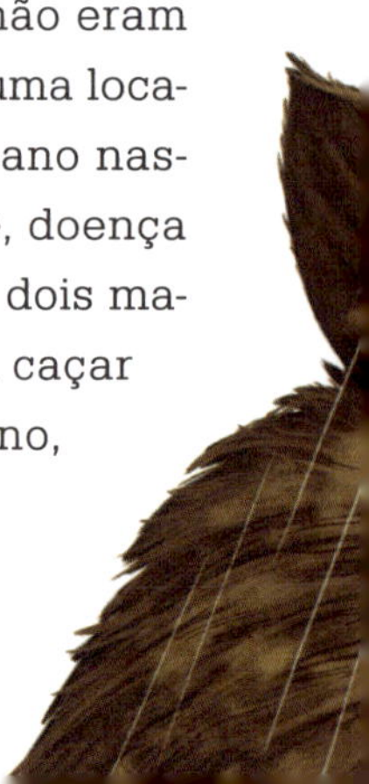

já desequilibravam a população, que agora passaria a ter um mamute a menos por ano. **Faça as contas:** se no início eram mil mamutes e a cada ano havia um a menos, quanto tempo levou para esses mamutes se extinguirem? E imagine a tristeza e a solidão da última mamute que restou.

Com os coelhos era bem diferente. Essa mesma localidade podia ter uma população de 100 mil coelhos, que são animais que se reproduzem muito depressa. Nasciam milhares de coelhinhos por ano. Então, mesmo se os humanos conseguissem caçar um montão de coelhos, a população deles quase não diminuiria. No fim haveria muitos humanos e muitos coelhos, mas nenhum mamute.

Por que nossos ancestrais foram tão malvados? Por que acabaram com os mamutes? Ora, eles provavelmente não tinham essa intenção. Sentiam fome, seus filhos também, e caçavam alguns mamutes por ano porque precisavam comer. Não sabiam o efeito que isso teria depois de muitos e muitos anos. Muitas vezes fazemos coisas graves sem querer.

Os caçadores não sabiam que se caçassem três mamutes por ano acabariam causando a extinção dos mamutes. As pessoas viviam no máximo setenta ou oitenta anos, e muitos séculos se passaram até que os mamutes fossem extintos, por isso ninguém notou o que estava acontecendo. No máximo, algum avô saudoso deve ter resmungado: "Esses jovens não sabem como as coisas eram na minha época. Quando eu era menino havia muitos mamutes por aqui. Agora quase não sobrou nenhum!". E mesmo se ele dissesse isso, talvez não acreditassem nele. **Você sempre acredita no que os seus pais e avós dizem** sobre a infância deles, quando não existiam celulares nem internet?

Esse é outro exemplo daquela importante lei da vida: pequenas mudanças que ninguém nota se acumulam com o tempo e viram grandes mudanças. Em dado momento, só acontece uma mudança minúscula que não podemos ver, por isso pensamos que tudo continua igual. Mesmo olhando com atenção durante um dia ou uma semana, não vemos alterações. Mas, com o tempo, **as mudanças pequenas se acumulam e se tornam enormes**. É assim que você cresce, é assim que um pequeno animal terrestre vira uma baleia e é por isso que caçar alguns mamutes por ano pode fazer todos os mamutes desaparecerem do planeta.

Provavelmente nem os próprios mamutes perceberam que estavam desaparecendo. Afinal, assim como nós, eles só vivem por algumas décadas. Nenhum mamute viveu por mil anos. Claro que um mamute sabia quando seu melhor amigo morria, mas não tinha como saber que logo todos os mamutes do mundo iriam desaparecer.

EXPRESSO DA EXTINÇÃO

Nossos ancestrais causaram a extinção de muitos tipos de animais, não só na Austrália e na América, mas no mundo todo. Dissemos que os mamutes desapareceram na América, mas eles também sumiram da Europa e da Ásia, onde tinham vivido por milhões de anos. Há 10 mil anos só algumas ilhas pequenas no norte gelado ainda tinham mamutes.

Uma delas, a ilha Wrangel, fica no oceano Ártico, a uns 150 quilômetros ao norte da costa da Sibéria. **É um lugar muito gelado**. Mesmo depois de os sapiens chegarem à Sibéria, não chegaram a Wrangel, por isso ali os mamutes puderam viver em paz por milhares de anos depois de desaparecerem da América, da Europa e da Ásia. Mas há 4 mil anos alguns sapiens finalmente conseguiram chegar à ilha Wrangel... e em pouco tempo já não havia mais nenhum mamute no mundo.

A extinção dos mamutes teve efeitos sobre muitos animais e plantas. Esta é outra lei da vida: animais e plantas dependem uns dos outros, por isso, se algo acontece com um tipo de criatura, em geral muitas outras são influenciadas. **E essa lei se aplica a você também**. Você influencia muitos animais e plantas da sua vizinhança. Talvez no caminho para o ponto de ônibus você pise em ervas, talvez coma biscoitos e deixe um rastro de migalhas que as formigas e os pardais encontram e comem. Talvez limpe teias de aranha do teto do seu quarto. Se você mudar de cidade, as ervas e as aranhas provavelmente ficarão felizes, mas as formigas e os pardais não vão gostar.

Com todos os animais é a mesma coisa, em escala muito maior. Pense nas abelhas, por exemplo. Elas voam de flor em flor, e é assim que

o pólen pode passar de uma planta a outra para que as flores produzam sementes. Se algum desastre matar todas as abelhas, as flores não poderão mais espalhar seu pólen e produzir sementes. Sem sementes não nascem novas plantas. Sem plantas, todos os animais que comem plantas — como os coelhos — morrerão. Sem coelhos, todos os animais que comem coelhos — como as raposas — também morrerão. É por isso que **a extinção de um animal pode afetar muitos outros**. Se matássemos todas as abelhas, as raposas também morreriam.

Os mamutes eram importantes para muitas outras plantas e animais. No tempo dos mamutes, fazia mais frio nas regiões árticas do extremo norte, mas apesar disso esses lugares tinham muito mais plantas e animais do que hoje. Por quê? Graças aos mamutes! No inverno, quando tudo ficava coberto de neve e gelo, os mamutes

funcionavam como arados. Usavam sua força tremenda e suas presas enormes para esburacar a neve e descobrir a grama presa lá embaixo. Comiam parte da grama, mas sobrava o suficiente para alimentar animais menores, como as lebres-do-ártico. E lebres-do-ártico eram comidas por raposas-do-ártico. Na primavera, a maior parte da grama congelada tinha sido comida, deixando a terra descoberta. Isso era muito bom, pois quando o sol voltava a aquecer a terra novas plantas podiam crescer imediatamente, e elas serviam de alimento para os animais.

Com a extinção dos mamutes, nenhum outro bicho tinha força para esburacar a neve no inverno até encontrar grama. **Por isso, os animais não tinham o que comer.** E porque não comiam a grama congelada, era difícil crescerem novas plantas quando a primavera chegava. Elas ficavam presas embaixo da grama morta do

ano anterior. E aí havia ainda menos alimento para os animais. Assim, quando os mamutes desapareceram, as lebres e as raposas dali também sofreram.

Os sapiens não sabiam nada disso. O problema dos sapiens não é que eles eram maus, e sim que **eram bons demais naquilo que faziam**. Quando começaram a caçar mamutes, ficaram tão hábeis que nenhum mamute sobreviveu. Então eles foram caçar alces. Mas também foram tão bons nisso que logo os alces também desapareceram.

Quando arqueólogos escavam o solo, encontram **a mesma história no mundo todo**. Bem lá no fundo da terra, eles veem evidências de muitos tipos de animais, mas não de sapiens. Um pouco mais acima, encontram vestígios de sapiens: um osso humano, um dente, uma ponta de lança. E ainda mais acima há uma camada com muitos restos humanos, mas nenhum vestígio dos animais que um dia existiram ali. Resumo: primeira etapa, nenhum sapiens; segunda etapa, sapiens aparecem; terceira etapa: muitos sapiens, nada de animais.

Isso aconteceu na Austrália. E também na América, na Ásia e na Europa. E em quase todas as ilhas que humanos descobriram... como a ilha de Madagascar.

Essa ilha ficou isolada do resto do mundo por milhões de anos, por isso muitos animais evoluíram só ali. Entre eles estavam os lêmures gigantes, que podiam ser maiores que gorilas. Havia também aves-elefantes, que pareciam avestruzes gigantes: elas não voavam, tinham três metros de altura e pesavam quase meia tonelada. Foram **as maiores aves que já existiram no mundo** — você não iria querer ver uma no seu quintal. Essas aves-elefantes e os lêmures gigantes, ao lado da maioria dos outros grandes animais de Madagascar, sumiram de repente há mais ou menos 1500 anos — justo quando os primeiros humanos chegaram à ilha.

Só algumas ilhas muito remotas permanecem livres de humanos até hoje, e nelas ainda vivem alguns animais muito interessantes. O exemplo mais famoso é o das ilhas Galápagos, onde existem tartarugas-gigantes. Como os diprotodontes da Austrália, essas tartarugas não têm medo de humanos.

Se todos nós compreendermos que já levamos à extinção um número enorme de animais, talvez façamos mais para proteger os que ainda vivem. Caso não tenhamos cuidado, exterminaremos os leões, os elefantes, os golfinhos e as baleias, assim como nossos ancestrais exterminaram os mamutes e diprotodontes. Os únicos animais grandes que restarão no mundo serão os humanos — e nossos animais de estimação e de criação. Não existirá mais nenhum animal selvagem grande.

USE O SEU SUPERPODER!

Quando nossos ancestrais causaram a extinção dos mamutes e dos diprotodontes, não sabiam o que estavam fazendo. Mas hoje não temos desculpa. Sabemos o que estamos fazendo com os leões, os elefantes, os golfinhos e as baleias. Somos responsáveis pelo futuro deles. E você, por mais jovem que seja, pode ajudar. Lembre-se: mesmo muito jovem, **você já é mais poderoso do que qualquer leão ou baleia!** As baleias são muito maiores do que você, mas elas não possuem seu superpoder de contar histórias e cooperar.

A baleia-azul é o maior animal que já existiu. Ela é maior e mais pesada até do que os maiores dinossauros! Pode atingir até trinta metros de comprimento e pesar mais de 150 toneladas. Uma baleia pesa o equivalente a 5 mil crianças juntas! E mesmo assim as baleias não conseguem se proteger dos humanos, pois eles aprenderam a contar histórias muito estranhas e a cooperar de maneiras muito complicadas, que as baleias não entendem.

Mil anos atrás, baleias eram caçadas por grupos pequenos de pescadores em barcos de madeira frágeis e com lanças de madeira.

Algumas escapavam desses barcos ou até os quebravam e afundavam. Mas na era moderna os humanos aprenderam a cooperar de novos modos: começaram a criar empresas.

Você se lembra das empresas de que já falamos, como o McDonald's? O McDonald's vende hambúrgueres, mas algumas empresas são especialistas em caçar baleias. Elas compraram enormes navios de ferro equipados com sonar para investigar o oceano e com canhões potentes para disparar a longas distâncias. **As baleias não podiam se esconder e escapar nem afundar os navios.** E mesmo se um navio afundasse e os homens a bordo se afogassem, as empresas comprariam novos navios e contratariam novos marinheiros. As baleias não poderiam afundar as empresas — elas nem sabem que empresas existem! Como vão se proteger de algo que não podem ver, ouvir ou cheirar, algo que só existe na imaginação de outro animal?

Então as empresas caçaram mais baleias e ganharam mais dinheiro. Cinquenta anos atrás, as baleias-azuis quase sumiram — como os mamutes. Por sorte, alguns humanos notaram o que estava

acontecendo e decidiram salvar as baleias. Sendo humanos, compreendiam o que é o dinheiro e como essas empresas funcionam. Eles sabiam o que fazer. Escreveram cartas a jornais, assinaram petições a políticos e organizaram manifestações. Disseram às pessoas para não comprarem produtos de empresas que caçavam baleias e pediram a governos que proibissem a caça às baleias. **Muitas das pessoas que fizeram isso eram crianças.**

Uma delas foi Kenneth Gormly, um menino americano de onze anos. Um dia, em 1968, ele viu vários barcos pesqueiros cercando um grupo de baleias. Usavam redes de aço, mergulhadores e até um hidroavião para localizar e encurralar suas presas. No grupo de baleias havia uma mãe e seu filhote. A baleia mãe conseguiu fazer um buraco na rede e fugir, mas se cortou na rede de aço e começou a sangrar. O filhote não conseguiu seguir a mãe e ficou preso na rede. **Kenneth ouviu a mãe e o filhote chamando um ao outro**, e viu os pescadores pegarem o filhote na rede e o arrastarem para o barco. A baleia bebê chamou e gritou pela mãe, e ela seguiu o barco, mas não conseguiu salvar seu bebê.

Kenneth ficou aflito com o que viu e ouviu. Foi para casa, escreveu toda a história e mandou para o jornal de sua cidade. O jornal publicou a carta e mais tarde ela foi lida em voz alta em uma assembleia. Muitos adultos que ouviram o que Kenneth escreveu compreenderam então o sofrimento terrível das baleias.

Foi preciso mais tempo e muitas outras cartas, artigos e manifestações, mas **por fim a pressão funcionou**: governos do mundo todo aprovaram leis e assinaram acordos para impedir a caça às baleias. A baleia-azul foi salva, ao menos por um tempo. Mas continua ameaçada hoje, assim como muitos outros animais. Eles não podem se proteger. Não podem escrever matérias para jornais, mandar cartas, pressionar governos. Você pode. Se entender como as empresas funcionam e souber escrever uma boa história nas redes sociais, ou se souber organizar uma manifestação, poderá ajudar a salvar as baleias e outros animais. Para uma baleia, você pode fazer coisas tão impressionantes que **quase parece um super-herói**.

O ANIMAL MAIS PERIGOSO DO MUNDO

Foi assim que nós, humanos, dominamos o planeta Terra. E que passamos a ter o destino de todos os animais em nossas mãos. Mesmo antes de construirmos a primeira cidade, inventarmos a roda e aprendermos a escrever, já estávamos espalhados pelo mundo todo e tínhamos matado mais ou menos metade de todos os grandes animais terrestres. Os humanos foram os primeiros animais na história a chegar a quase todos os continentes e ilhas, e conseguiram mudar o mundo inteiro sozinhos.

Nossos ancestrais fizeram tudo isso graças às habilidades que só nós temos: inventar histórias e cooperar em grandes números. Foi isso que tornou o nosso tipo de humano muito mais poderoso que os neandertais, os leões ou os elefantes. Nós nos tornamos o animal mais perigoso do mundo.

Agora você conhece a história dos nossos ancestrais do passado distante. Sabe por que às vezes você acorda no meio da noite com medo de que tenha um monstro embaixo da cama. Por que é tão gostoso sentar perto da fogueira olhando as chamas. E por que você quer comer muito bolo de chocolate, mesmo que não faça muito bem para a saúde.

Você sabe como um osso de dedo pode ajudar a identificar um tipo de humano desaparecido. Sabe que algumas ilhas já foram habitadas por anões. Que na Idade da Pedra a maioria das ferramentas não era de pedra e que a maioria das pessoas não vivia em cavernas. Que adolescentes e meninas às vezes podem fazer descobertas científicas importantes. E sabe que, se você inventar uma boa história e as pessoas acreditarem, **pode conquistar o mundo**.

Você também sabe que há muitas coisas que ainda não sabemos. Não sabemos o que os neandertais faziam com seus cérebros enormes, se às vezes os sapiens se apaixonavam por neandertais, ou como eram as famílias na Idade da Pedra. E não sabemos em quais religiões as pessoas acreditavam naquele tempo.

E há outras questões. Este livro explicou como nossos ancestrais se tornaram o animal mais poderoso do mundo, como se espalharam pelo planeta — causando o desaparecimento de neandertais, denisovanos e vários outros tipos de humanos — e como levaram muitos dos animais do mundo à extinção. Mas, mesmo depois de fazer tudo isso, nossos ancestrais ainda não sabiam construir carros, aviões e espaçonaves. **Eles ainda não sabiam escrever**. Ainda não tinham fazendas nem cidades. Nem sequer sabiam plantar trigo e fazer pão. Mas como aprenderam a fazer todas essas coisas?

Essa é outra história.

AGRADECIMENTOS

É preciso uma aldeia inteira para criar uma criança. Também é preciso uma aldeia para criar um livro.

Quando você olha a capa de um livro, em geral só vê o nome do autor em letras grandes. Por isso, talvez imagine que uma única pessoa escreveu a obra. Sentada na sala durante um ano, ela redigiu tudo – e pronto! Um novo livro foi lançado!

Na verdade, é muito diferente. Muitas pessoas em vários lugares trabalharam duro no livro, fazendo uma porção de coisas que o autor não podia ou nem sequer sabia fazer. Sem a contribuição delas, não haveria livro.

Digitar uma frase costuma levar apenas alguns segundos. Mas algumas frases deste livro levaram muitas semanas para serem escritas. Pessoas tiveram de verificar se os fatos aqui mencionados estavam corretos. Num mês, foram ler trabalhos científicos sobre os neandertais; depois, aprenderam tudo sobre as baleias.

Outras pessoas pensaram muito sobre a mensagem exata que cada frase precisa passar: é isso mesmo que queremos que os leitores saibam sobre a história? Será que pode ser interpretado de maneira errada? Será que pode magoar alguém? Depois, mais pessoas trabalharam no estilo. É possível deixar o texto mais claro?

Com as ilustrações foi a mesma coisa. Algumas foram refeitas dez vezes, num vaivém de esboços jogados na lixeira. Precisa ser um menino. Não, vamos mudar para uma menina. Será que ela deve parecer um pouco mais nova? Não, assim está jovem demais...

É por isso que escrever uma única frase ou desenhar uma ilustração às vezes exigiu muitos e-mails, telefonemas e reuniões. E alguém teve de coordenar todos esses e-mails, telefonemas e reuniões. E depois houve contratos para assinar, salários a pagar... E não podemos esquecer a comida – ninguém consegue fazer nada sem comer, certo?

Por isso, agradeço a todas as pessoas que ajudaram a criar este livro. Eu não teria conseguido escrevê-lo sem elas.

Ricard Zaplana Ruiz desenhou as maravilhosas ilustrações que dão vida à história humana.

Jonathan Beck apoiou com entusiasmo o projeto e ajudou a torná-lo realidade.

Suzanne Stark e Sebastian Ulrich me ensinaram a ver o mundo a partir da perspectiva dos jovens e a escrever com mais simplicidade, clareza e profundidade do que eu pensava ser capaz. Os dois leram e releram com imensa atenção cada palavra e asseguraram que, ao tentarmos escrever uma história interessante e acessível, não comprometêssemos a precisão científica.

E obrigado às pessoas incríveis da equipe da Sapienship: Naama Wartenburg, Jason Parry, Daniel Taylor, Michael Zur, Nina Zivy, Shay Abel, Guangyu Chen, Hannah Morgan, Galiete Gothelf, Nadav Neuman, Hannah Yahav e Ettie Sabag. E ao apoio adicional da talentosa revisora Adriana Hunter, da designer Hanna Shapiro e da consultora em diversidade Slava Greenberg. Todas lideradas pela nossa dedicada e brilhante diretora-executiva, Naama Avital. Cada membro da equipe contribuiu para este projeto. Sem seu profissionalismo, cuidado e perseverança, não haveria livro.

Também sou grato a minha mãe, Pnina, minhas irmãs Einat e Liat e minhas sobrinhas e sobrinhos Tomer, Noga, Matan, Romi e Uri, por seu amor e apoio.

Minha avó Fanny faleceu aos cem anos, quando estávamos terminando o livro. Serei sempre grato à sua bondade e alegria sem limites.

Por fim, agradeço ao meu marido Itzik, que por anos sonhou em criar este livro e fundou a Sapienship para dar vida a este e a outros projetos, e que por mais de duas décadas tem sido minha inspiração e meu companheiro carinhoso.

Yuval Noah Harari

Agradeço a todos os colegas *Homo sapiens* da minha profissão por partilharem seus conhecimentos e amizade.

A Ada Soler e Rosa Samper pelo voto de confiança.

À equipe de profissionais da Sapienship pela ajuda e pela assessoria em todas as etapas do processo de criação.

E, obviamente, a Yuval Noah Harari, por confiar em minhas ilustrações, que viajaram por metade do mundo junto com seus textos.

Ricard Zaplana Ruiz

SOBRE ESTE LIVRO

O mais fascinante na ciência é que ela nunca para de descobrir coisas novas. Todo ano cientistas fazem novas descobertas que mudam nosso modo de entender o mundo. Neste livro tentamos nos basear nos conhecimentos científicos mais atuais... mas até os cientistas discordam em algumas coisas. E, de qualquer modo, há partes da história humana que talvez permaneçam eternamente um mistério. Mas espere! Isso não significa que tudo é discutível. Podemos dizer com certeza que houve muitos tipos de humanos neste planeta. Sabemos sem dúvida que o único tipo que restou — o nosso tipo — aprendeu a controlar plantas e animais, construiu cidades e impérios e inventou espaçonaves, bombas atômicas e computadores. Essas revoluções criaram o mundo em que vivemos hoje. E talvez um dia você descubra algo que mudará o modo como todos os humanos entendem o mundo...

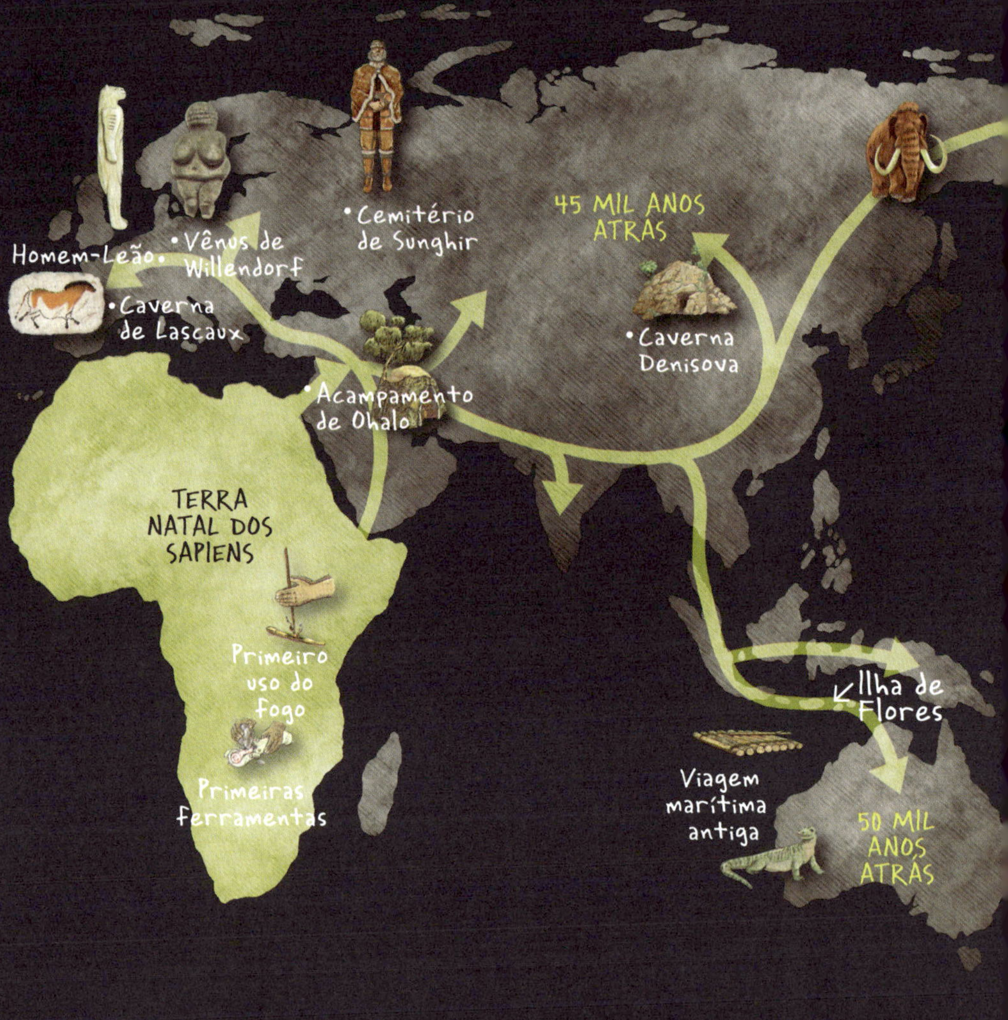

MAPA-MÚNDI DA HISTÓRIA

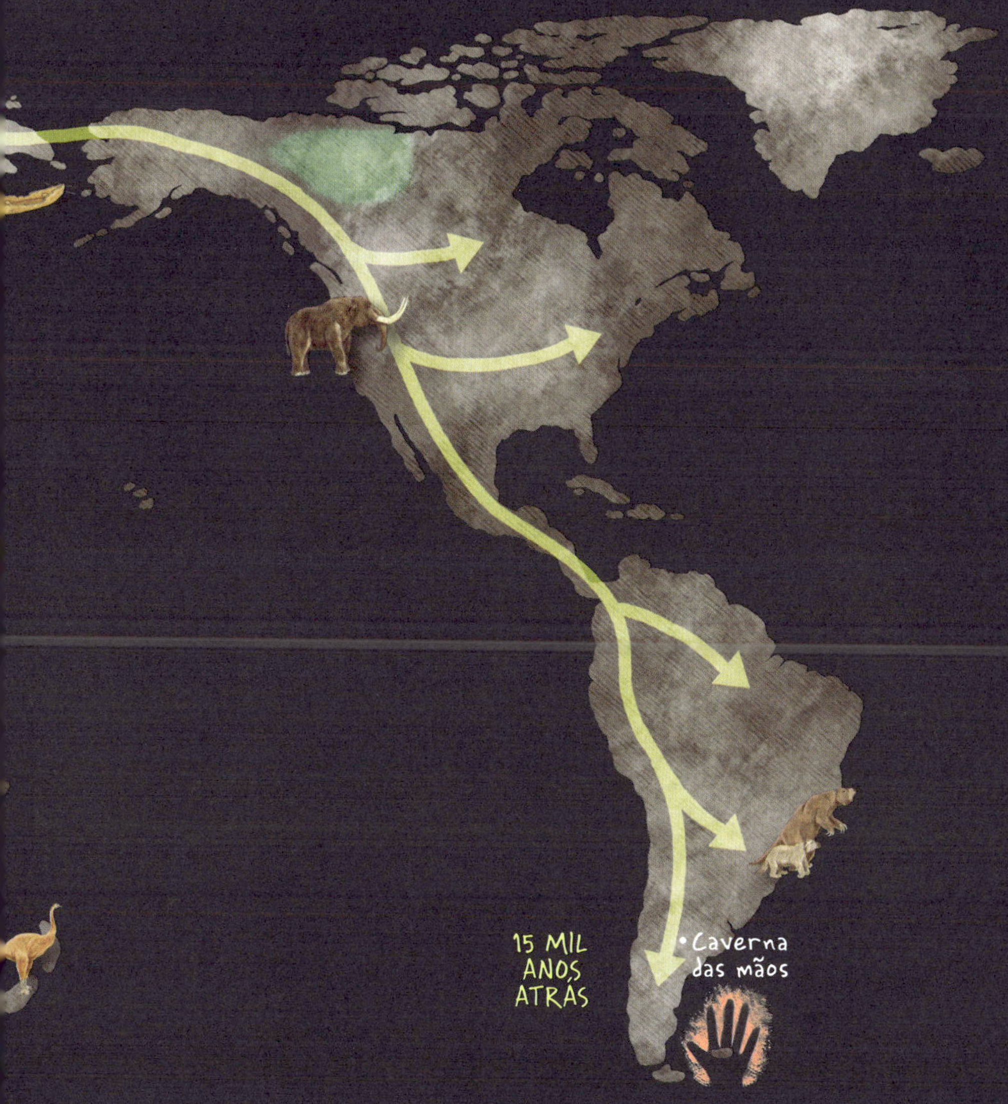
15 MIL
ANOS
ATRÁS
Caverna
das mãos

FSC
www.fsc.org
MISTO
Papel | Apoiando o manejo florestal responsável
FSC® C005648

A marca FSC® é a garantia de que a madeira utilizada na fabricação do papel deste livro provém de florestas que foram gerenciadas de maneira ambientalmente correta, socialmente justa e economicamente viável, além de outras fontes de origem controlada.

Esta obra foi composta em Egyptienne e impressa
pela Gráfica Santa Marta em ofsete sobre papel Alta Alvura da
Suzano S.A. para a Editora Schwarcz em fevereiro de 2025